Sabiduría Eterna

Volumen 1

Sabiduría Eterna

Volumen 1

Recopilado por
Swami Jnanamritananda Puri

Mata Amritanandamayi Center, San Ramon
California, Estados Unidos

Sabiduría Eterna – Volumen 1

Publicado por:
Mata Amritanandamayi Center
P.O. Box 613
San Ramon, CA 94583
Estados Unidos

———————— *Eternal Wisdom 1 (Spanish)* ————————

Primera edición por MA Center: septiembre de 2016

En España: www.amma-spain.org
        fundación@amma-spain.org

En la India:
        inform@amritapuri.org
        www.amritapuri.org

Madre,

Que cada una de mis acciones

sea de adoración y abandono total de mí mismo,

Que cada sonido que brote de mis labios

sea el canto de tu poderoso mantra,

Que cada gesto de mis manos

sea un mudra de sagrado homenaje,

Que cada uno de mis pasos

me lleve hacia tu Ser,

Que toda comida o bebida se convierta

en una ofrenda a tu fuego sagrado,

Que mi descanso sea una reverencia,

Madre,

Que cada uno de mis actos y de mis alegrías

sean de adoración.

Este libro, cuyo contenido recopila una pequeña parcela de la dulzura de sus palabras, se ofrece con amor a los Pies de Loto de Amma.

Contenido

Prefacio   10

Capítulo 1   15

    La Madre que nunca descansa   15
    Consejos a los padres de familia   16
    La vida espiritual purifica la conducta   18
    Las instrucciones del gurú   21
    Océano de compasión   23
    Bhakti yoga   27
    La importancia de la actitud correcta   30
    Para los buscadores espirituales   31
    El peligro de la riqueza   32
    La Madre del Universo   36
    Meditación   45
    Los sufrimientos de la vida en el mundo   46
    Descripción del Sadhana   47
    Consejos a los devotos   51

Capítulo 2   75

    La devoción   75
    La naturaleza del gurú   77
    El sadhana es indispensable   78
    La grandeza de la devoción   80
    Las instrucciones de Amma   82
    Manasa puja (adoración mental)   85
    Los principios de la vida espiritual   88
    Alegrías y sufrimientos de la vida mundana   94
    No comprometas la disciplina   96
    Amma se hace cargo de la vaca   99
    Consejos a los padres de familia   100
    El éxtasis divino de Amma   107

El pasado es un cheque cancelado 109
El origen y el remedio del sufrimiento 110

Capítulo 3 114
Meditación 114
La que nos protege de todos los peligros 115
¿Está predestinado el futuro? 116
El viaje espiritual 121
Amma aclara las dudas de los brahmacharis 129
Una experiencia sorprendente 132
La Madre infatigable 134
Explicación de la labor misionera 136
Unniyappam 139
El renunciante y su familia 142
A la orilla del mar 145
Instrucciones a los brahmacharis 146
Recuerdos de la infancia de Amma 152

Capítulo 4 154
Brahmacharis y padres de familia 154
Unos momentos con los brahmacharis 159
La Madre que alimenta a sus hijos 160
Amma y Ottur 163
Seva y sadhana 164
La No-dualidad en la vida diaria 167
Una lección de cocina 168
Amma bendice una vaca 170
La adoración a las divinidades y al Gurú 171
Observad el principio en el que se basan los rituales 175
Cómo encarar el elogio y la censura 177
Un percance ocasionado por un perro 180
La Madre otorga bendiciones invisibles 182
El tesoro interior 183
La diosa de la sabiduría inicia a los niños 186

Dad a los necesitados   189
Para el verdadero devoto no existe la pobreza   191
Pon en práctica la fe   193
Fe en Dios, fe en sí mismo   195

Capítulo 5   **197**
La Madre que colma con sus bendiciones   197
Amma bebe leche envenenada   200
La verdadera forma de Amma   202
Entregarse a Dios   204
Cuando no hay tiempo para el sadhana   206
Amma en Ernakulam   208
Enseñanza del dharma desde la infancia   210
¿De dónde proviene el karma de los niños discapacitados?
                                                            214
Consejos a los brahmacharis   215
¿Quién está preparado para la Realización?   217
La verdadera naturaleza de Amma   220
Normas para servir en el mundo   221
Verdades y falsedades sobre el Vedanta   224
El Bhakti Bhava de Amma   226
Brahma Muhurta   227
Amma cuenta algunas historias pasadas   230

Prefacio

Son en verdad excepcionales los *Mahatmas* (almas grandes) capaces de ver el universo entero contenido en el Atman (el Ser) y el Atman en el interior del universo. Aun siendo reconocidos, no necesariamente tienden a comunicarse con nosotros o a instruirnos. Por esa razón, es para nosotros una maravillosa oportunidad conocer a un *Mahatma* plenamente realizado y dispuesto a guiarnos y disciplinarnos con el tierno amor de una madre y la compasión inexplicable de un *gurú*. Hoy en día y en todo el mundo, el *darshan* y las dulces palabras de Sri Mata Amritanandamayi Devi transforman la vida de cientos de miles de personas. Este libro es sólo una breve recopilación de las conversaciones entre Amma y sus discípulos, devotos y visitantes. Abarca un período comprendido entre junio de 1985 y septiembre de 1986.

La sabiduría de los *Mahatmas*, cuya misión es la de elevar la conciencia del mundo, tiene un significado a la vez actual e intemporal. Aunque arrojan luz sobre los valores eternos, están en armonía con la época en la que viven y sus palabras sintonizan con los agitados corazones de aquellos que les escuchan.

Las palabras inmortales que Amma pronuncia transforman a la sociedad en una época en la que el ser humano ha perdido los valores tradicionales, los nobles sentimientos y la paz espiritual, en un intento frenético de volcarse en el mundo exterior del poder, del prestigio y de los placeres sensoriales. Mientras el hombre se empeña insensatamente en buscar estas distracciones, ignora su propio Ser y con ello se ve privado de la armonía y la belleza de la vida. La falta de fe, el miedo y las rivalidades han destruido los vínculos personales y las relaciones familiares. El amor ya no es más que un espejismo en una sociedad entregada a un excesivo consumismo.

El amor desinteresado a Dios cede su lugar a una devoción interesada que proviene únicamente de los deseos. El ser humano concede una importancia desmesurada al intelecto, que busca el rendimiento inmediato, dejando de lado la gloria perdurable que sólo proviene de la verdadera sabiduría. Los principios espirituales superiores y las experiencias nobles ya no se viven, han quedado convertidos en letra muerta. Es en esta coyuntura donde Amma nos habla con un lenguaje de devoción pura, el lenguaje del corazón impregnado de sabiduría y amor que son su vida entera. El valor de sus palabras de ambrosía es a la vez actual y eterno.

La sabiduría de Amma, que personalmente ha escuchado los innumerables problemas de cientos de miles de personas, muestra su profundo conocimiento de la naturaleza humana. Ella conoce las necesidades de la gente y se pone al nivel del racionalista, del creyente, del científico, del hombre ordinario, del ama de casa, del hombre de negocios, del erudito y del ignorante, para dar a cada uno, hombre mujer o niño, la respuesta adecuada y en proporción a lo que ellos esperan.

Amma da ejemplo con su vida y afirma: «Al contemplar en todo la Verdad o Brahman, me postro ante esta Verdad. Sirvo a cada uno, y en cada uno sólo veo el Ser». Ella acepta el *advaita* (la no-dualidad) como la verdad última; pero el camino que ella señala a la mayoría de sus devotos es una combinación armoniosa del *mantra japa*, meditación sobre una forma divina, canto devocional, *archana* (letanías), *satsang* y servicio desinteresado al mundo.

Sus consejos no son teóricos, sino absolutamente prácticos y enraizados en la vida cotidiana. Sus instrucciones arrojan luz sobre la necesidad de un aprendizaje espiritual y de una *sadhana* (práctica espiritual) en la vida del individuo y de la sociedad. En la búsqueda del Ser, destaca la importancia del servicio desinteresado y de la oración sincera, realizada con devoción y amor puro.

Amma se preocupa al mismo tiempo por los aspectos relacionados con el código de conducta de las familias, los problemas de la vida diaria, el *dharma* de la relación entre hombre y mujer, y ofrece orientaciones prácticas a los buscadores espirituales, que a veces exponen enigmas de naturaleza filosófica.

Escuchamos como exhorta a sus hijos a seguir la vía espiritual, a renunciar al lujo, a eliminar los malos hábitos y a servir a los que sufren: «Hijos míos, el verdadero objetivo de la vida es realizar a Dios». La espiritualidad no es una fe ciega, es el ideal que elimina las tinieblas. Es el principio que nos enseña a acoger con una sonrisa los obstáculos o circunstancias adversas. Es una enseñanza para la mente. Amma nos muestra que sólo podremos hacer uso efectivo de todos los demás conocimientos si adquirimos este saber.

La sabiduría infinita de Amma se expresa a través de sus palabras de consuelo a los que sufren, por medio de sus respuestas a los curiosos en materia de espiritualidad y en las instrucciones que suele dar a sus discípulos. Cada respuesta corresponde a las características y a la situación del que plantea la pregunta. Incluso si éste último no puede expresar plenamente su idea, Amma, que conoce el lenguaje del corazón, le responde adecuadamente. Es frecuente que los que acuden a ella reciban la respuesta a sus dudas sin haber tenido que formularlas siquiera.

Cuando Amma contesta la pregunta de una persona, suele aprovechar la ocasión para deslizar un consejo para alguien que escucha en silencio. Sólo éste comprenderá que la respuesta iba dirigida a él. Es preciso tener esto en cuenta cuando se estudian las enseñanzas de Amma.

Las palabras de un *Mahatma* poseen varios niveles de significado, pero nosotros debemos captar el más apropiado. Una historia muy conocida en los Upanishads afirma que cuando el dios Brahma pronunció la palabra «da», los demonios lo interpretaron como un consejo para mostrar más compasión (daya), los humanos como una invitación para dar (dana) y los seres celestiales como una exhortación para practicar la moderación (dama).

Qué dulce resulta escuchar a Amma y contemplarla mientras habla con vivas expresiones y gestos, en un lenguaje sencillo, bellamente salpicado de oportunas historias y analogías extraídas de la vida diaria. El amor que brilla en sus ojos, su rostro radiante y lleno de compasión permanecen vivos en la mente de los oyentes, transformándose en objeto de meditación.

Hoy en día abunda la literatura espiritual. Sin embargo, es triste constatar que la gente habla de ideales nobles sin llevarlos a la práctica. Amma habla basándose en su experiencia cotidiana, nunca ofrece un consejo del que su propia vida no sea un ejemplo. A menudo nos recuerda que los principios espirituales y los *mantras* no están hechos solo para ser pronunciados, sino para ser expresados también a través de nuestra vida. Amma nunca estudió las escrituras ni ha seguido las enseñanzas de un *gurú*. La fuente secreta de los principios espirituales profundos que incesantemente brotan de sus labios, proceden de su experiencia directa del Ser.

La vida de los *Mahatmas* es el cimiento mismo de las Escrituras. Cuando Amma habla, sus palabras son siempre reflejo de su vida. Así puede afirmar: «El mundo entero le pertenece a aquel que conoce la Realidad», «La bondad hacia los pobres es nuestro deber para con Dios», «Si os refugiáis en Dios, Él os dará oportunamente aquello que necesitáis». Cada uno de sus movimientos es una danza de compasión por el mundo entero y una declaración de amor a Dios. Amma se basa en esta unidad entre pensamiento, palabra y acción, cuando afirma que sus hijos no necesitan estudiar las Escrituras si analizan su vida y la estudian con atención. Amma brilla en medio de nuestra sociedad como la viva encarnación del Vedanta.

Los *Mahatmas*, que santifican el mundo con su presencia, son *tirthas* vivientes (*tirtha:* lugar sagrado de peregrinación). Así como los lugares de peregrinación y la visita frecuente a los templos purifica nuestra mente si lo practicamos durante varios años, un solo *darshan*, un contacto o una palabra de un *Mahatma* nos santifica y deposita en nosotros el germen de un *samskara* superior.

Las palabras de un *Mahatma* no son simples sonidos sino el vehículo de expresión de su gracia. Sus palabras tienen como objetivo despertar la conciencia, incluso en aquellos que escuchan sin comprender su sentido. Cuando nos llegan en forma de un libro, su estudio se convierte en un gran *satsang*, en una gran meditación. Los *Mahatmas* como Amma, que poseen la experiencia de la Realidad, trascienden el tiempo y el espacio. Leer o comprender sus palabras inmortales nos ayuda a mantener con ella un vínculo interior invisible y nos prepara para recibir su bendición. Es allí donde reside el valor de este estudio.

Ofrecemos humildemente a los lectores esta recopilación de palabras inmortales, con el deseo de que esta lectura les impulse a avanzar en el camino de la Verdad suprema, a inspirarse en los nobles ideales espirituales de los que la vida de Amma es un ejemplo perfecto.

Los editores

Capítulo 1

El amanecer de un nuevo día se abría paso entre las palmas de los cocoteros que cubren los terrenos del ashram. Se podían escuchar, proviniendo de la habitación de Amma, las dulces notas de la tambura. Desde que un devoto le había regalado recientemente este instrumento, Amma solía tocarlo por las mañanas, no sin antes inclinarse ante él, tocarlo y saludarlo con reverencia. Al final volvía a inclinarse antes de guardarlo.

Para Amma todo es una forma de Dios. A menudo nos dice que consideremos a todos los instrumentos musicales como una encarnación de Devi Sarasvati. Durante los bhajans es imposible precisar con exactitud en qué momento para de tocar los pequeños címbalos, pues los deja con inmenso respeto y cuidado.

La Madre que nunca descansa

Amma llegó a la cabaña del *darshan* poco después de las nueve de la mañana, donde ya la esperaban unos cuantos devotos.

Amma: «Hijos míos, ¿hace mucho rato que esperáis?»

Un devoto: «Sólo un poco. Hoy hemos tenido mucha suerte porque hemos oído a Amma cuando tocaba la tambura».

Amma: «Al tocarla, Amma pierde la noción del tiempo. No ha tenido tiempo para dormir después del *bhava darshan* de la noche pasada. Tenía que leer muchas cartas, y cuando terminó ya era de día. Gayatri le ha pedido varias veces que fuese a dormir, pero Amma siempre respondía: 'Sólo una más'. Después, al ver la carta siguiente, no podía resistirse a abrirla y leerla. El sufrimiento de esos hijos le traspasa el corazón. Muchos de ellos ni siquiera esperan una respuesta; tan sólo desean confiarle su dolor. ¿Cómo podría ella ignorar sus ruegos? Cuando piensa en los sufrimientos de sus hijos, se olvida completamente de sus propias necesidades.

«Así que cuando Amma ha terminado, ya era de día. No se ha acostado. Después de ducharse, ha sentido la necesidad de estar sola y se ha puesto a tocar la tambura. Su sonoridad cautiva su mente. Cuando la toca, se olvida del tiempo que pasa. Cuando en el reloj dieron las nueve, se acordó de vosotros, sus hijos, ¡e inmediatamente se dispuso a bajar!»

No había nada extraño aquel día en la rutina de Amma. Así suelen pasar la mayor parte de los días. A menudo le falta tiempo para ir a dormir o comer. Las noches de *bhava darshan* se retira muy tarde a su habitación y es cuando se pone a leer las cartas que la aguardan, siempre en grandes cantidades. Casi todas ellas contienen historias llenas de dolor. Amma las lee todas antes de acostarse. Algunos días logra sacar un poco de tiempo hacia el mediodía para leer. Pero ¿cómo podría descansar, si dedica tanta atención a los problemas de sus hijos, que son varios cientos de miles? En general, no suele dormir más de dos horas. En ocasiones no descansa en absoluto. Cuando se acuerda que los devotos la esperan, se olvida de todo y se apresura a bajar las escaleras. En esos momentos desaparece de su rostro toda huella de fatiga.

Consejos a los padres de familia

Una joven, con las ropas sucias y los cabellos en desorden, fue a postrarse ante Amma. Llevaba un bebé en los brazos y en su rostro podía verse la huella del sufrimiento.

Amma: «¿Te marchas hoy, hija mía?»

La joven: «Sí, Amma, hace ya tres días que salí de casa».

Apoyó la cabeza en el pecho de Amma y rompió en sollozos. Amma le tomó la cabeza y secó sus lágrimas diciendo: «No te preocupes, hija. Todo irá bien».

La mujer se postró de nuevo y se fue.

Un devoto: «Conozco a esta mujer. Ha cambiado mucho».

Amma: «Su marido tenía un buen trabajo, pero empezó a frecuentar malas compañías y a emborracharse. Pronto se quedó sin dinero y le pidió a ella sus joyas para pagarse la bebida[1]. Al ver que se oponía, le dio una paliza. Ella, por miedo a los golpes, terminó entregándoselas. Él las vendió todas y se gastó el dinero en bebida. Noche tras noche volvía borracho a casa, le arrancaba el pelo y la golpeaba. ¡Ya la veis ahora en qué estado se encuentra, después de tantas palizas! Hace unos días volvieron a pelear por una pequeña cadena de oro que su bebé llevaba en el cuello, y una vez más salió muy mal parada. A continuación, tomó al bebé y vino aquí a refugiarse. Al principio era una familia muy feliz. ¿Puede salir algo bueno del consumo de alcohol? Todo se pierde: la salud, la riqueza y la paz del hogar».

Otra devota: «Uno de nuestros vecinos bebe. No hace mucho volvió borracho a casa, cogió a su hija, un bebé de un año y medio, y la arrojó violentamente al suelo. ¿Qué clase de padre en su sano juicio haría algo así? Su mujer se halla en un estado lamentable por las palizas que recibe».

Amma: «Hijos míos, cuando un hombre se embrutece con el alcohol, es incapaz de reconocer a su mujer y a sus hijos. Tal vez se enzarzó en una pelea poco antes de volver a casa. ¿Qué beneficio puede producir el alcohol? Aunque las drogas produzcan placer, ¿se puede decir que la felicidad se encuentra en el tabaco, el alcohol o los estupefacientes? Hay personas que se gastan varios cientos

---

[1] En la India, las joyas constituyen la dote de la mujer y son de su propiedad personal, su seguro de vejez. En principio, el marido no tiene ningún derecho a quitárselas.

de rupias al mes en cigarrillos. Esa cantidad de dinero bastaría para financiar los estudios de un niño. Es posible que las drogas nos permitan olvidarnos de todo durante un instante, pero en realidad, le quitan a nuestro cuerpo su vitalidad, arruinan nuestra salud y nos conducen a una muerte prematura. Los que deberían ser el sostén de su familia y de su país, acaban destruyéndose a sí mismos y dañando a los demás».

Un devoto: «Amma, ¿por qué esas personas se empeñan en destruirse a sí mismas?»

Amma: «Hijos míos, es la búsqueda egoísta del placer el que empuja a un hombre a fumar y a beber. Cree que eso le hace feliz. Debemos explicar a la gente los principios de la espiritualidad. Pero para ello hace falta que vivamos de acuerdo a estos principios. Sólo así los otros nos imitarán. Esto transformará su corazón y reducirá su egoísmo.

«Vemos que la gente se gasta miles de rupias para rodearse de comodidades, de lujo excesivo, mientras tal vez su vecino ni tan siquiera tiene para comer, o se ha tenido que anular la boda de una hija porque sus padres no tenían dinero para la dote. En otra familia, a una nuera se la devuelve a sus padres por no haber recibido una parte suficientemente importante de la herencia de su padre. Pero en el mismo instante, los vecinos gastan millones en la boda de su hija. Los que tienen medios pero no quieren ayudar a los que padecen necesidad, hacen un gran daño a la sociedad y también traicionan a su alma».

La vida espiritual purifica la conducta

El rostro de Amma adoptó una expresión grave y manifestó con firmeza: «Hijos míos, sólo los pensamientos espirituales pueden hacer que una mente egoísta se vuelva generosa. Por ejemplo: 'Todos somos el mismo Ser; todos somos hijos de la misma

Madre, la Madre del universo. Todos respiramos el mismo aire'. 'Cuando nací, no tenía nombre ni clase social. La clase social y la religión llegaron mucho después; por lo tanto, mi deber consiste en romper esas barreras y amar fraternalmente a cada uno. Sólo podré encontrar la felicidad amando y ayudando a los demás. La verdadera adoración a Dios consiste en ayudar a los que sufren'. Esa clase de pensamientos abre el corazón y eleva nuestra conciencia. Si comprendemos estos principios, nuestro carácter se transformará profundamente y nos llenaremos de compasión.

«Hoy en día, a casi nadie le importa otra cosa que no sea el 'yo' y lo 'mío'. Sólo les preocupa su propio bienestar y el de su familia. Eso es mortal. Sólo les llevará a su destrucción y a la de la sociedad. Hijos míos, ¡debemos explicarles que así no se puede vivir! No sois charcas de agua estancada y contaminada, sino ríos destinados a fluir para el bien del mundo. ¡No habéis nacido para sufrir, sino para experimentar el éxtasis!»

«Si el agua de la charca fluye hacia el río, se limpia; pero si va a parar a la alcantarilla, se vuelve más sucia. La alcantarilla es la imagen de la actitud egoísta del 'yo' y 'mío'. El río es la imagen de Dios. Hijos, refugiémonos en Él. Esta actitud nos beneficiará siempre, tanto si la vida nos ofrece éxito o fracaso. Al refugiarnos en Dios, encontramos el gozo y la paz del alma. La paz y la prosperidad se incrementarán en nuestra familia y en el mundo».

Al ver a un devoto que se hallaba sentado un poco más lejos, Amma manifestó: «Cuando este hijo vino por primera vez a ver a Amma, estaba más borracho que una cuba. Algunos le trajeron hasta aquí». Amma se reía.

El devoto: «Desde que vine a ver a Amma, no he vuelto a beber. Algunos de mis amigos siguieron mi ejemplo. Ya no quiero ni oír hablar de alcohol».

Amma: «Hijo mío, desde que has cambiado, los demás se han beneficiado también y han recuperado la paz en sus familias, ¿no es así? Hijos, nacemos y procreamos. Pero además de eso, ¿qué hacemos para mejorar el mundo? Es verdad que cuidamos de nuestra familia, pero con ello sólo cumplimos con nuestra obligación. Si nos conformamos con ello, ¿cómo podemos estar en paz? Cuando llegue la muerte, ¿estaremos satisfechos? Si vivimos ignorando los principios de una vida recta, sufrimos nosotros y además hacemos sufrir a los demás. Traemos al mundo hijos que a su vez conocen el dolor y el sufrimiento. Ésa es la forma de vivir en estos tiempos, ¿no es así?»

Un devoto: «¿Quiere decir Amma que no debemos tener mujer ni hijos?»

Amma: «No, la Madre no lo entiende así. Deberíamos alcanzar la paz en esta vida, en lugar de vivirla como los animales. En vez de buscar el placer, es preciso comprender el objetivo de la vida y consagrarnos a él. Vivid con sencillez, dad a los demás lo que os sobra después de haber cubierto vuestras propias necesidades. Vivid sin hacer mal a nadie y enseñad a los demás estos mismos principios. Nos corresponde a nosotros contribuir a crear una cultura en la que se vivan y florezcan estos principios. Sepamos ser buenos y virtuosos. Que nuestros corazones se ensanchen para ayudar a que los demás también sean más bondadosos. Eso es lo que hace falta. Si actuamos así, conoceremos siempre el gozo y la paz, aunque carezcamos de comodidades materiales.

«Si no podemos ayudar a los demás, al menos debemos evitar causarles mal. Eso en sí es ya un gran servicio, pero no basta. Tratad de emplearos en actividades que beneficien a los demás. Conformaos con lo estrictamente necesario y no emprendáis nada superfluo. Tanto el alimento como los pensamientos, el sueño y las palabras, deben limitarse a lo esencial. Si adoptamos esta disciplina, sólo habrá buenos pensamientos en nuestra mente. Los que viven así, lejos de contaminar la atmósfera, la santifican. Deberíamos tomar ejemplo de ellos».

Los expresivos rostros de los devotos revelaban la emoción producida por los consejos de Amma sobre el bienestar individual y de la sociedad. Sentían que ella les orientaba con claridad hacia una nueva forma de vivir su vida. A partir de ese momento. Estos instantes preciosos pasados en su presencia dejaron en ellos un sentimiento de plenitud; después se postraron ante ella antes de marcharse.

Lunes 10 de junio de 1985

A las diez de la mañana, algunos *brahmacharis* y devotos se hallaban con Amma delante del *kalari* (el antiguo templo). A la derecha del *kalari* estaba el pequeño edificio que albergaba la oficina, la biblioteca, la cocina y el comedor. En la parte de atrás había tres habitaciones pequeñas para los *brahmacharis*. La familia de Amma había vivido anteriormente en esta casa. A la izquierda del *kalari* estaban la escuela de Vedanta, algunas cabañas, la habitación de Amma y la sala de meditación.

Las instrucciones del gurú

Amma: «Hoy Amma ha reprendido severamente a uno de sus hijos». Al decir esto, señalaba a uno de los *brahmacharis*.

Un devoto: «¿Por qué, Amma?»

Amma: «El otro día se fue a Kollam para que repararan el coche. Antes de salir, Amma le recomendó que volviera el mismo día, estuviese o no terminada la reparación del coche. Sin embargo, pasó la noche en Kollam porque no habían terminado. De modo que cuando volvió al día siguiente, Amma le reprendió. Ayer volvió a marcharse a Kollam sin decir a Amma una palabra ni dejarle una nota. Hoy, Amma le riñó de nuevo. No es agradable para Amma, pero es en la obediencia donde se ve la virtud de un buscador espiritual. ¿Qué puede hacer Amma? A veces puede parecer que es cruel con sus hijos.

«Hay enfermos que, por miedo al dolor, no dejan que el médico les ponga una inyección. Pero el médico sabe que sin ella nunca podrá curarse. Por lo tanto, se la pone, aunque tenga que emplear la fuerza para sujetarlo mientras lo hace. Si por no hacer sufrir el médico renunciara a aplicar un tratamiento, el enfermo moriría. El tratamiento es indispensable para que sane. De igual manera, un verdadero *gurú* se asegura que el discípulo le obedezca. Es indispensable para que éste alcance su objetivo. El deber del *gurú* es lograr que el discípulo haga lo que sea preciso.

«El herrero pone al rojo vivo un trozo de hierro y le da forma golpeándolo repetidas veces. No es por crueldad, sino para darle la forma deseada. Si se quiere hacer una bonita flor de papel, hacen falta unas tijeras para cortarlo. De igual manera, si el *gurú* reprende al discípulo y le impone disciplina, sólo es para que se revele la naturaleza del Ser. Todo castigo infligido por el Maestro es un acto de compasión pura. El discípulo debe ejercitarse en la humildad y abandono de sí, experimentar el sentimiento de ser el servidor de su *gurú*. Sólo entonces le concederá su gracia y lo elevará hasta el mundo en el que él vive. La actitud del discípulo debe ser: 'Yo no soy nada, Tú lo eres todo. No soy más que un instrumento tuyo».

«Todo pertenece a Dios, salvo el ego, que es nuestro. No es fácil desembarazarse de él. Sólo podemos destruirlo mediante nuestra obediencia al Maestro. Si seguimos sus instrucciones y nos sometemos a su voluntad, por su gracia desaparecerá el ego.

«El tronco de un árbol que flota río abajo sigue la corriente. Así mismo, el discípulo debe comportarse según la voluntad del *gurú*, con una actitud de abandono de sí mismo y la convicción: 'Tú lo eres todo'. Esa es la única forma de eliminar el ego. ¿Poseemos algún poder que podamos llamar 'nuestra voluntad'?

Un hombre se encuentra en lo alto de las escaleras y manifiesta: 'Voy a bajar', pero antes de alcanzar el último peldaño, cae muerto. Hay incontables ejemplos como éste. Si realmente existiera 'nuestra voluntad', ¿no habría llegado esa persona hasta el final de las escaleras como lo había anunciado? Pero no lo consiguió. Tenemos que comprender que todo es voluntad de Dios».

Amma unió las manos y clamó: «¡Oh Devi! te suplico, a partir de hoy, que tengas la bondad de no obligarme a reprender a mis hijos! ¡Concédeles inteligencia y discernimiento! ¡Otórgales tu bendición!» Amma se quedó unos momentos en silencio. Los que la rodeaban unieron también sus manos, cerraron los ojos y rezaron.

Océano de compasión

Martes 11 de junio de 1985

A las cuatro de la tarde, Amma bajó a la cabaña para el darshan. Por un lado de la cabaña había aparecido una serpiente y los devotos y *brahmacharis* se empeñaban en hacerla salir. Amma se acercó y les dijo: «¡Hijos, no le hagáis daño! Bastará con echarle un poco de arena». Como si la serpiente hubiese oído sus palabras, se alejó lentamente. Las Escrituras afirman:

> *Inclinaos una y mil veces ante Devi*
> *que habita en todos los seres vivos*
> *en forma de compasión.*

Amma se sentó en la cabaña y dio comienzo al darshan. Los devotos se postraron uno tras otro, dejando sus angustias a los pies de Amma. Le murmuraban al oído sus deseos y los problemas que les atormentaban. Algunos se deshacían en lágrimas al verla. Los que venían a ella agobiados por las dificultades de la vida, salían llenos de paz y de dicha.

Después de haberse ido los devotos, los brahmacharis se reunieron en torno a Amma.

Un *brahmachari*: «Hoy Amma no ha hablado de espiritualidad».

Amma: «Hijo mío, los que vinieron hoy estaban agobiados por el sufrimiento. Un niño hambriento no necesita discursos sobre el Vedanta o los principios espirituales. Démosles primero un poco de alivio a sus penas. Después podremos hablarles de espiritualidad. ¿Cómo podrían asimilarlo ahora?

«Por otra parte, los que tienen sed de Dios no quieren hablar de otra cosa, aunque tengan que enfrentarse a grandes sufrimientos. En el gozo o en los sufrimientos, siempre conservan el mismo estado de ánimo. Cuando les llega la felicidad, no pierden la cabeza deleitándose en ella, ni se derrumban en tiempos de sufrimiento. Aceptan lo uno y lo otro como voluntad de Dios y para ellos tanto la dicha como el sufrimiento son bendiciones suyas. Si al andar se te clava una espina en el pie, en adelante tendrás más cuidado al pisar, evitando así caer en una zanja que está frente a ti. Dios nos da el dolor para salvarnos. Los verdaderos creyentes se mantienen a los pies del Señor incluso en el dolor. En sus oraciones nunca piden la felicidad. Nunca piensan en su bienestar personal. Pero cuando un ser que sufre viene a nosotros, nuestro deber es reconfortarlo y tomarnos el tiempo necesario para hablar con él y consolarle».

Amma siente el dolor de los demás como propio y asume gustosa las cargas de los que sufren. Para todos, ella es el fuego del sacrificio que recibe su prarabda como ofrenda, la llama de luz y de esperanza.

Cuando Amma salió del templo después del bhava darshan, los devotos la rodearon. Casi todos ellos querían marcharse en el autobús matinal y se arremolinaban ansiosos a su alrededor para postrarse una última vez y recibir su bendición antes de partir. Pero había un joven devoto que se mantuvo apartado. Solo, lejos de la multitud, permaneció sentado a la entrada de la sala de meditación. Un brahmachari le preguntó: «¿No quieres ir a ver a Amma?»

Joven devoto: «No».

Br.: «Todos se muestran ansiosos por estar cerca de Amma y hablar con ella, mientras tú te quedas aquí solo, ¿por qué?»

Joven devoto: «Como los demás, suelo quedarme frente al kalari para ser el primero en postrarme a los pies de Amma cuando sale. Pero hoy mi conciencia no me permite acercarme a ella, pues he cometido una terrible falta».

Br.: «No lo creo. Tal vez es tu imaginación. ¿Qué falta has podido cometer que te impida acercarte a Amma?»

Joven devoto: «Vivo en Kollam. Durante varios años me di a la bebida, lo que me llevaba a reñir con mi mujer. La obligué a regresar a casa de sus padres. Mi familia y mis vecinos me odiaban. Cuando ya no me quedó ni un solo amigo en el mundo, estuve a punto de suicidarme. Fue entonces cuando tuve la inmensa suerte de conocer a Amma y de recibir su darshan. Fue un momento decisivo en mi vida.

Después de este primer darshan dejé de beber. Mi comportamiento cambió radicalmente, al igual que la opinión de la gente sobre mí. Pero hoy he vuelto a caer. Asistí a una boda con unos amigos, y cuando volvíamos, ellos quisieron beber. Insistieron en que bebiera con ellos y cedí. Pero enseguida me invadió un insoportable sentimiento de culpa y vine aquí directamente. Antes nunca me sentía culpable cuando bebía. Pero ahora es distinto. (Se le hizo un nudo en la garganta que le impedía continuar). En estos momentos no me atrevo siquiera a mirar el rostro de Amma».

Br.: «Tu arrepentimiento por sí solo basta para expiar tu falta. Cálmate. Ve a contárselo a Amma y te quedarás en paz».

Joven devoto: «Sé por experiencia que mi desazón desaparecerá si me postro ante ella. Pero no es eso lo que me molesta en este momento. Si vuelvo a casa, sé que mis amigos no me dejarán tranquilo. Me gustaría quedarme unos días aquí, pero no tengo valor para pedírselo a Amma. Siento que he sido débil por haber caído de nuevo a los ojos de mi Madre, que derrama en mí más amor que la que me llevó en su vientre».

Tenía los ojos arrasados por el llanto. El brahmachari no hallaba las palabras convenientes para consolarle, pero estaba allí y comprendía el dolor desgarrador de este corazón tan apesadumbrado...

Después de indicar a los demás devotos el lugar donde podían dormir, Amma vino a ver al joven. De inmediato éste se levantó con respeto y unió las manos. Amma las tomó entre las suyas y dijo: «¿Tan débil eres, hijo mío?»

Las lágrimas le rodaban por las mejillas. Amma las enjugó y continuó: «Hijo mío, deja de preocuparte. No te lamentes más por el pasado. Si esos amigos vienen a buscarte de nuevo, no vayas con ellos.

Un loro vivía en un templo y otro en una cantina. Mientras el loro del templo recitaba *mantras*, el de la cantina soltaba obscenidades. Hijo, nuestra conducta está determinada por la gente que frecuentamos. Si nos quedamos sentados en una habitación con la televisión encendida, terminaremos por verla. Si queremos evitarlo, la apagamos y nos vamos a otra habitación. Si vivimos en mala compañía, adquiriremos hábitos nefastos. Debemos pues estar atentos para evitar a aquellos que han corrompido sus costumbres. Hijo mío, si te preocupa un problema, puedes confiárselo a Amma. Ella está aquí para ti. Quédate unos días. Pide libros en la biblioteca y aprovecha para leer».

Amma se dirigió al *brahmachari*: «Ocúpate de lo necesario para que este hijo se aloje en el piso superior de la casa, en la parte norte del Ashram».

Al escuchar las palabras tan afectuosas de la Madre que conocía cada uno de sus pensamientos, el joven devoto no pudo evitar echarse a llorar de nuevo.

Con sus amorosas manos, Amma secó sus lágrimas y le consoló: «Ahora ve a dormir, hijo mío. Amma hablará contigo por la mañana».

Tras enviar al joven con el *brahmachari*, se dirigió al bosquecillo de cocoteros en compañía de una joven que desde hacía tiempo esperaba la ocasión de hablar con ella en privado. Cuando Amma volvió a su habitación, eran más de las tres de la madrugada.

Bhakti yoga

Miércoles 12 de junio de 1985

Amma llegó al kalari acompañada por cuatro brahmacharis y algunos padres de familia que venían al Ashram por primera vez. Amma destacó la importancia de que nuestra devoción a Dios sea pura.

Amma: «La oración habitual de Amma era: 'Oh Devi, sólo quiero amarte. Si no recibo tu darshan lo aceptaré, ¡pero dame un corazón lleno de amor para todos los demás! Si tú no me amas, nada importa, pero por favor, ¡déjame amarte!' El que ama a Dios de verdad es como alguien que tiene fiebre. No le atrae la comida. No saborea ni los platos salados o ácidos e incluso los dulces le resultan amargos. El alimento le tiene sin cuidado. Pero en nuestros días es raro que un buscador experimente este amor desde el principio. Por lo tanto, es necesario controlar nuestros diferentes hábitos mediante shraddha[2], sobre todo en materia de comida. Si la mente se dispersa en cosas externas, debemos hacerla volver una y otra vez al pensamiento de Dios. No hay tiempo que perder».

Un devoto: «Amma, yo no pierdo el tiempo. O vengo a verte o voy al templo. ¿No es eso lo que debo hacer?»

Amma: «Es bueno venir aquí o frecuentar los templos, pero nuestro objetivo es purificar la mente. Si no lo conseguimos, todo es inútil. No creas que es posible encontrar la paz sin purificar nuestras acciones y nuestra mente. Tengámoslo presente cuando vayamos a ver a un *Mahatma* o entremos en el templo. Tendríamos que practicar el abandono de nosotros mismos y mantener una actitud de entrega. Pero hoy en día, la gente se preocupa por reservar previamente una habitación de hotel cuando emprenden un viaje de peregrinación. Desde el inicio del viaje se entretienen hablando de su familia y de sus vecinos. Cuando vuelven a casa, continúan. Y en medio de todo eso, Dios ha quedado olvidado.

«Podemos multiplicar los encuentros con los Mahatmas, las visitas a los templos, las ofrendas, pero sólo obtendremos un beneficio auténtico a través de nuestro *sadhana*. Nuestro corazón tiene que sintonizarse con lo divino. No basta con ir a Tirupatti o a Varanasi para encontrar la liberación. Hacer una gira visitando templos o bañarse en los lugares sagrados no forzosamente confiere un beneficio material o espiritual. Si la sola visita a Tirupatti nos liberara, lo mismo ocurriría con todos los hombres de negocios que viven allí, ¿no es cierto?

«A donde quiera que vayáis, recordad siempre el nombre de Dios. Fijaos en el hierro hormigonado que se mezcla al cemento para construir carreteras. El hormigón fragua si el metal está

---

[2] Shraddha significa en sánscrito la fe enraizada en la sabiduría y la experiencia; en malayalam se emplea la misma palabra en el sentido de una atención vigilante en todas nuestras acciones. Amma suele emplear este término en el segundo sentido.

limpio. De igual manera, no podemos instalar a Dios en el templo de nuestro corazón sin purificarlo mediante *japa*. No existe mejor medio para purificar la mente que la repetición del nombre de Dios.

«No podemos ver los programas de televisión que se emiten desde el estudio si no encendemos el aparato. Sería absurdo culpar a los demás de no poder ver la televisión si tú no la enciendes. La gracia de Dios se derrama sin cesar sobre nosotros, pero para recibirla debemos ponernos en la misma longitud de onda de su mundo. ¿Qué interés puede haber en encerrarse y quejarse de la obscuridad, mientras afuera resplandece el sol? Basta con abrir la puerta del corazón para recibir la gracia que Dios derrama continuamente sobre nosotros.

«Cuando llueve, la tierra se convierte en barro, lo cual causa problemas a todo el mundo; la lluvia que cae sobre la arena también se pierde. Pero la gota de agua que recoge la ostra se convierte en una perla de gran valor. Dios nunca deja de mostrarnos su compasión; la manera de beneficiarnos de ella depende de nuestra actitud interior para recibirla.

«Hijos, si no nos sintonizamos con el mundo de Dios, sólo produciremos las notas discordantes de la ignorancia y no una música divina. Tenemos que aceptar nuestra imperfección. De nada sirve culpar de ella a los demás.

«Estamos dispuestos a esperar el autobús durante horas o a pasar el día en el juzgado por un asunto legal. Pero no tenemos paciencia cuando nos encontramos con un *Mahatma* o vamos al templo. Si vais a un ashram o a un templo, quedaos allí un momento y pensad en Dios con devoción. Repetid su nombre, meditad o ayudad desinteresadamente. Si no, de nada os servirá vuestra visita».

La importancia de la actitud correcta

Amma: «Si nuestra mente es pura y si pensamos en Dios en todo lo que hacemos, su gracia estará siempre con nosotros, aunque no vayamos nunca a un templo. Por el contrario, si nos es imposible dejar de ser egoístas o intolerantes con los demás, por muchas visitas que hagamos al templo no nos servirán de nada.

«Había una vez dos mujeres que eran vecinas. Una dedicaba su tiempo a adorar a Dios y la otra era prostituta. La devota le decía a su vecina: 'Lo que haces es un gran pecado que te llevará al infierno'. La prostituta derramaba lágrimas cada día acordándose de estas palabras y pensaba: '¡Soy una gran pecadora! Lo hago porque no tengo otra forma de ganarme la vida. ¡Oh Dios! Lo lamento profundamente! ¡Al menos concédeme que en mi próxima vida pueda tener la oportunidad de ofrecerte mis oraciones y adorarte a diario, como lo hace mi amiga! ¡Te lo suplico, perdona mis pecados!'

«Incluso cuando estaba en el templo, la vecina seguía despreciando a la prostituta y la vida que llevaba. Finalmente, las dos mujeres murieron y llegaron los servidores del cielo y del infierno. La prostituta iba a ser llevada al cielo y la devota al infierno. La que se suponía piadosa no lo pudo soportar. Les preguntó a los seres celestiales: 'Os lleváis al cielo a una mujer que durante toda su vida vendió su cuerpo, mientras que yo adoraba a Dios todos los días e iba a rezar al templo. Sin embargo, me lleváis al infierno. ¿Qué clase de justicia es ésta? Seguro que estáis cometiendo un error'.

«Los servidores respondieron: 'No hay tal error. Cuando estabas en el templo haciendo *puja* (ritual de adoración), pensabas en las malas acciones de la prostituta. Por otra parte, ella, a pesar de lo que era, nunca se identificó con su trabajo; sus pensamientos estaban puestos en Dios. No pasaba un solo día sin que experimentara un profundo arrepentimiento por sus errores, suplicando el perdón de Dios. Su devoción era sincera, a pesar de haber tenido que prostituirse para vivir. Por eso va al cielo».

Para los buscadores espirituales

Los *bhajans* habían terminado. Al salir del templo, Amma se recostó sobre la arena, entre el *kalari* y la sala de meditación. Se oyó el toque de campana para la cena y Amma pidió a los devotos que fuesen al comedor. Uno tras otro se marcharon; sólo se quedaron uno o dos *brahmacharis* para meditar en presencia de Amma.

Después de la cena, los devotos volvieron a sentarse cerca de ella. Una mujer colocó los pies de Amma sobre sus rodillas y empezó a masajearlos.

Amma: «¿Habéis cenado, hijos míos?»

Devoto: «Sí, Amma, ya hemos cenado».

Amma: «En casa habríais comido sabrosos platos. Pero aquí no hay nada de eso. Seguro que os habéis quedado con hambre».

Otro devoto: «Hemos comido hasta saciarnos, Amma. La comida que abunda en nuestra casa no es tan sabrosa como la que nos sirven aquí».

Amma (riéndose): «Hijo mío, eso lo dices sólo por amor a Amma». Todo el mundo se echó a reír.

Un devoto: «Amma, me gustaría preguntarte algo».

Amma: «Hijos, podéis preguntar a Amma todo lo que queráis».

Devoto: «El otro día te oí decir a un *brahmachari* que deberíamos hacer voto de *ahimsa* (no violencia). No deberíamos enfadarnos nunca. Aunque otro se enfade por causa nuestra, la actitud correcta es ver a Dios en él y mostrarle amor. ¿No es eso muy difícil de practicar?»

Amma: «Hijo mío, lo importante no es conseguirlo sino intentarlo con un sincero esfuerzo. Los que han dedicado su vida a la espiritualidad deberían estar dispuestos a hacer algunos sacrificios. Su vida ya está comprometida en este camino. Si alguien se enfrenta a ellos, deben acogerlo como una ocasión que Dios les ofrece para eliminar su ego. No deberían, impulsados por el ego, reaccionar con hostilidad. Un *sadhak* (buscador espiritual) sólo podrá crecer si ve a Dios en cada uno, con amor y compasión».

Un devoto: «Amma, yo he renunciado a muchas cosas por el amor de Dios, pero no encuentro la paz».

Amma: «Hijo mío, hablamos de nuestros sacrificios. Pero ¿realmente poseemos algo a lo que podamos renunciar? ¿Qué nos pertenece de verdad? Lo que hoy llamamos nuestro tal vez mañana no lo sea. Todo pertenece a Dios. Es su gracia la que nos lo proporciona todo. Si hay algo que es nuestro, son nuestros gustos y rechazos; es a eso a lo que necesitamos renunciar. Mientras siga habiendo apego, habrá dolor, por más que renunciemos a muchas cosas. La verdadera renuncia sólo se produce cuando estamos profundamente convencidos de que ni la familia, ni la riqueza ni el éxito social o la fama nos darán una paz duradera. La enseñanza del Gita es actuar sin apego».

El peligro de la riqueza

Amma contó después la siguiente historia: «Había una vez un hombre rico. Un día, algunos de sus amigos vinieron a visitarle. Vieron a un criado frente a la casa y le preguntaron por su señor. El criado fue a ver, después volvió y les dijo que su señor estaba contando guijarros. '¿Cómo es que un hombre tan rico está contando guijarros?' se preguntaban sorprendidos los invitados. Cuando su anfitrión llegó poco después, le hicieron esa misma pregunta y él respondió: 'Estaba contando dinero. ¿Es mi criado tan tonto como para creer que estaba contando guijarros? Lamento el malentendido'. Después de que sus amigos se fueron, reprendió severamente a su criado.

«Pocos días después, otro amigo se presentó para ver a nuestro hombre. Le pidió al criado que fuese a buscar a su señor. Después de informarse, el criado le anunció: 'Está amando a su enemigo'. En efecto, nuestro enamorado de las riquezas contaba su dinero antes de guardarlo en la caja fuerte. Pensó que el criado le había insultado a propósito. Su insolencia le encolerizó, y tras una buena paliza, le despidió. Cuando el criado estaba a punto de marcharse, el hombre rico le entregó una muñeca diciéndole: '¡Si encuentras a alguien más tonto que tú, dale esta muñeca!' El criado se marchó sin decir nada.

«Pasaron varios meses. Una noche robaron en la casa del hombre rico y le despojaron de toda su fortuna. Cuando trató de impedirlo, los ladrones le arrojaron desde lo más alto de la casa y huyeron llevándoselo todo. A la mañana siguiente, su familia lo encontró en el suelo frente a la casa. No podía levantarse. Se intentaron diferentes tratamientos, pero nada le devolvía la salud. Su fortuna había desaparecido y, por esta razón, su mujer y sus hijos le abandonaron. El hombre sufría y no había nadie que se ocupara de él. No tenía nada para comer y aceptaba lo que le daban los vecinos.

«Su antiguo criado se enteró de la situación en la que se encontraba y vino a verle. Llevaba consigo la vieja muñeca. En cuanto llegó, se la entregó a su antiguo señor. Éste comprendió su estupidez y le preguntó: '¿Por qué te gozas en mi desgracia?'

«El criado respondió: 'Al menos ahora comprendes el sentido de mis palabras. ¿La fortuna que tenías vale hoy para ti más que un guijarro? ¿De hecho, no resultó tu riqueza ser tu enemigo? Ella te ha reducido a este estado. ¿No lo has perdido todo por su causa? ¿Quién es tan estúpido para convertirla en objeto de su amor? Los que hasta entonces fingían amarte sólo amaban tu fortuna. Una vez que ésta desaparece, a sus ojos estás muerto. Nadie te ama ahora. Comprende al fin que Dios es tu único y verdadero amigo. ¡Pídele ayuda!'»

«El criado cuidó de su antiguo señor con mucho amor. Éste se hallaba lleno de remordimiento. 'Ahora no sé qué hacer. La vida que he llevado hasta ahora ha sido completamente inútil. Creía que mi mujer, mis hijos y mi fortuna estarían siempre conmigo y yo vivía para ellos. En ningún momento he pensado en Dios. Pero ahora todo se ha ido. Los que se inclinaban ante mí con respeto ya ni me miran. Cuando me ven, me escupen para mostrar su desprecio'.

«El criado lo consoló con estas palabras: 'No pienses que nadie se preocupa por ti, Dios está contigo'. A continuación, el criado decidió permanecer a su lado para cuidarlo».

Amma guardó silencio. Un hombre que se hallaba al fondo, entre los devotos, se echó a llorar. Era la primera vez que iba a ver a Amma. Lloraba con amargura, incapaz de controlar su dolor. Amma le pidió que se acercara y le consoló. El hombre dijo llorando: 'Amma, acabas de contar mi propia historia. Mi fortuna ya no existe. Mi mujer y mis hijos me odian. Mi único consuelo es mi viejo criado'.

Secando sus lágrimas, Amma expresó: «Lo perdido, perdido está, hijo mío. No te aflijas por ello. Sólo Dios es eterno. Lo demás desaparece un día u otro. Basta que vivas con este pensamiento en tu alma. No te preocupes».

Amma pidió al Br. Balu[3] ue cantara:

Manase nin svantamayi

Recuerda, oh mente, esta suprema verdad:
¡Nadie te pertenece!

---

[3] Swami Amritaswarupananda.

*Por actuar con insensatez vas errante
por el océano de este mundo.
Aunque la gente te alabe y exclame:
«Señor, Señor», sólo durará un instante.*

*Tu cuerpo, que tan largo tiempo has honrado,
tendrás que abandonarlo cuando llegue el fin.
Hasta el ser querido por el que tanto has luchado
olvidándote de tu propia vida
se atemorizará ante tu cadáver
y no te acompañará.*

*Aunque te haya atrapado la sutil ilusión de Maya
no olvides el nombre sagrado de la Madre Divina
La visión de Dios no te la concederán los Vedas
ni los Tantras, ni el Vedanta o las demás filosofías.
Sumergido en la eterna beatitud, Dios,
cuya esencia es la verdad, habita en todos los seres.*

*Para obtener la devoción,
hasta los sabios antiguos han practicado austeridad
con el corazón puro.
Como el imán atrae el hierro,
Así atraerá el Señor a las almas impregnadas de devoción.*

*El poder, el prestigio y la riqueza, todo perece,
la única realidad es la Madre universal.
Renunciemos a todos los deseos
y dancemos en esta beatitud
cantando el nombre de la Madre Kali.*

La Madre del Universo

Miércoles 19 de junio de 1985

Un joven de barba y cabellos largos llegó al Ashram. Se acercó a un *brahmachari* y se presentó como periodista. «Tenemos noticias contradictorias sobre Amma, buenas y malas», manifestó. «He venido a ver lo que realmente ocurre en este ashram. He hablado con uno o dos de los residentes, pero hay algo que no acabo de entender».

Br.: «¿De qué se trata? preguntó el *brahmachari*.

Periodista: «¿Cómo se explica que personas con una educación como la vuestra crean en un dios humano?

Br.: «Qué entiendes por Dios? ¿Quieres decir un ser con cuatro brazos, que lleva una corona y que está sentado en un trono en un paraíso más allá del cielo?»

Periodista: «No. Cada uno tiene su propio concepto de Dios. Por lo general, solemos imaginar a Dios como la encarnación de todas las cualidades que consideramos sublimes».

Br.: «¿Y qué hay de erróneo en adorar como divino a alguien en el que constatamos la presencia de estas cualidades? Si lo negamos, reducimos a Dios a las estatuas que el hombre esculpe en la piedra e instala en los templos para adorarlas.

«Los textos espirituales de la India declaran que en realidad un ser humano, un alma individual (*jivatman*), no es diferente a Dios y toma consciencia de su esencia divina cuando su ego (el sentimiento de ser limitado) es destruido por una práctica constante. Si el Absoluto omnipresente puede manifestarse a través de la divinidad de un templo, ¿por qué no habría de resplandecer en un individuo?»

El periodista no supo qué responder.

El *brahmachari* continuó: «Las cualidades que las Escrituras atribuyen a Dios, el amor, la compasión, la generosidad, la facultad de perdonar y un amor igual para todos, las vemos todas ellas en Amma. Por esta razón, algunos de nosotros la consideramos la Madre del universo. Otros la contemplan como una madre amorosa que nos ha acompañado en el curso de incontables vidas. Hay incluso otros que la ven como el *gurú* que despierta al conocimiento del Ser. Ella no se proclama ni Dios ni *gurú* ni nada por el estilo. Si quieres pescar un pez en el océano, sacarás el pez, pero si quieres perlas, también podrás obtenerlas. De igual manera, todo está contenido en Amma. Si hacemos un esfuerzo, obtendremos lo que deseamos.

«El mensaje de los *Upanishads* es que cada uno de nosotros es la esencia del Absoluto. ¿No vinieron a este mundo Rama, Krishna y Buda en forma humana? Si los adoramos, ¿por qué no adorar a un ser que manifiesta sus cualidades divinas y gloriosas mientras está entre nosotros, bajo una forma humana?»

Periodista: «¿No basta con considerarla un *gurú*? ¿Por qué convertirla en Dios?»

Br.: «Correcto. Pero las Escrituras dicen que el Maestro no es otro que Dios bajo forma humana. En cierta forma, nuestra tradición pone al *gurú* por encima de Dios».

En ese preciso momento Amma llegaba a la cabaña y se disponía a ofrecer *darshan* a los devotos. El *brahmachari* invitó al periodista a que se acercara a ella. «Entremos. Tú mismo podrás plantear a Amma directamente tus preguntas».

El visitante se sentó cerca de Amma, y la miraba asombrado, mientras recibía uno a uno a los devotos, acariciando y dando consuelo a todos con un amor inmenso. Cuando le presentaron al periodista, Amma se rió.

Amma: «Amma no lee periódicos ni nada que se le parezca, hijo. La mayoría de los hijos que viven aquí jamás leen un periódico».

Periodista: «Le preguntaba a este *brahmachari* si Amma era Dios».

Amma: «¡Ella sólo es una loca! Todas estas personas la llaman 'Amma', y por lo tanto ella los llama sus hijos».

Cuando Amma habla, oculta casi todo el tiempo su verdadera naturaleza. Para percibir aunque sólo sea una ínfima parte de su naturaleza innata es necesario haber adquirido cierto discernimiento espiritual. La mayoría imagina a un gurú sentado en un trono espléndido, sonriente, servido por sus discípulos y repartiendo bendiciones a todos. Los que vienen al ashram se ven forzados a abandonar esta idea. El que viene por primera vez al encuentro de Amma descubre que es mucho más normal que la mayoría de la gente. Es fácil verla mientras barre el patio, corta verduras, cocina, muestra su habitación a los devotos o acarrea arena. Pero aquel que conoce las Escrituras sabrá reconocer en ella a la verdadera Madre. Su humildad manifiesta claramente su grandeza.

Una vez, un *brahmachari* le preguntó a Amma: «Casi todos aquellos que logran experimentar una mínima parte de poder oculto, van a todas partes y proclaman ser Brahman y aceptan a numerosos discípulos. Y todo el mundo confía en ellos. Si todo eso ocurre con frecuencia, ¿por qué Amma confunde a sus hijos diciéndoles que ella no es nada?»

Amma respondió de la siguiente manera: «Los *brahmacharis* que viven aquí en estos momentos tienen como objetivo salir al mundo el día de mañana. Su deber es convertirse en modelos para la sociedad. Toda palabra y acción de Amma es para ellos una enseñanza. Si en sus palabras y en sus actos aparece el mínimo rastro de ego, éste se multiplicará por diez en cada uno de vosotros. Pensaréis: 'Si Amma lo hace, ¿por qué no yo?' Y eso puede producir mucho daño en el mundo.

«¿Sabéis, hijos míos, lo difícil que le resulta a Amma quedarse en vuestro nivel? Un padre se esfuerza por caminar junto a su hijo pequeño dando pasos minúsculos. No lo hace por él sino por su hijo. Sus pasos son pequeños pasos para que su hijo pueda seguirle. El papel que Amma desempeña no es por ella, sino por todos vosotros, para favorecer vuestro crecimiento.

«Cuando un niño padece ictericia, su madre evita cocinar con especias y con sal y oculta todos los alimentos que las contiene. Si el niño los descubriera, los comería, le subiría la fiebre y podría morir. Por su bien, la madre también toma los alimentos sin sazonar. No está enferma, pero sacrifica sus preferencias. De igual forma, las acciones y las palabras de Amma son para el bien de todos vosotros. En cada paso, ella piensa en vuestro crecimiento. Para que el enfermo acepte el consejo del médico y deje de fumar, hace falta que el médico no fume. Si el médico bebe, ¿cómo puede el paciente abandonar el alcohol? Amma no realiza nada para sí misma; todo lo que hace es para el bien del mundo, para ayudaros a avanzar».

El periodista preguntó a Amma: «¿No estás desempeñando el papel de *gurú* para toda esta gente?»

Amma: «Eso depende de la actitud de cada uno. Amma nunca tuvo un *gurú*, ni ha aceptado a nadie como discípulo. Amma se conforma con decir que todo ocurre según la voluntad de la Madre divina».

Periodista: «Uno de mis amigos es un gran admirador de J. Krishnamurti».

Amma: «Muchos de los hijos que vienen aquí son sus devotos. Los hijos occidentales en particular le tienen un gran aprecio».

Periodista: «Krishnamurti no acepta discípulos. Nadie vive con él. Es posible visitarle y hablar con él. Dicen que una conversación con él nos aporta lo que buscamos. Su sola presencia inspira a mucha gente. Es muy alegre y no se rodea del aura de un *gurú*».

Amma: «Sin embargo, su afirmación de que no hay necesidad de un *gurú* es en sí una enseñanza, ¿no es así? Y si hay alguien cerca de él que le escucha, ¿no tenemos ya allí a un *gurú* y a un discípulo?»

Periodista: «No da consejos ni instrucciones».

Amma: «Y ¿qué me dices de sus discursos?, hijo»

Periodista: «Parecen más bien conversaciones y son informales».

Amma: «Ningún *gurú* insiste en que le obedezcamos o vivamos según sus palabras. Pero cada una de ellas es una forma de enseñanza. Su vida misma constituye una enseñanza. Escuchamos lo que dice Krishnamurti y al seguir sus preceptos conoceremos nuestra verdadera naturaleza ¿no es así? Y una actitud semejante nos convierte en discípulos. Promueve en nosotros la humildad y las buenas costumbres. Por lo general, sólo los hijos que crecen siguiendo los consejos de sus padres se convierten en buenos adultos.

«La obediencia a nuestros padres nos infunde el sentido del deber y de la buena conducta. Amma no dice que el método de Krishnamurti sea malo. Él ha leído gran cantidad de libros, ha conocido a infinidad de hombres sabios y ha aprendido mucho de ellos. Además, ha practicado numerosos métodos. Gracias a eso, ha logrado llegar hasta el nivel en el que está y ha comprendido que todo estaba en el interior de sí mismo. Pero, hijo mío, tú no has alcanzado ese nivel.

«En la actualidad, nuestra atención está básicamente dirigida hacia los objetos externos. Casi nunca contemplamos el interior. Cuando los niños están en la escuela, sólo piensan en jugar. Trabajan sobre todo por temor a sus padres. Pero cuando tienen un objetivo, por ejemplo, obtener buenas notas en un examen o licenciarse en ingeniería, etc. trabajan por iniciativa propia. Aunque tengamos un objetivo espiritual, nuestra mente se aleja de él presionada por nuestras tendencias latentes o *vasanas*. Para controlar la mente nos es indispensable un *satguru* (maestro realizado). Sin embargo, una vez alcanzado determinado nivel, la ayuda ya no es necesaria. Entonces despierta el *gurú* interior.

«Tal vez hayamos olvidado el canto que aprendimos en otro tiempo. Pero si alguien nos dice la primera línea, seremos capaces de recordarlo por entero. De igual modo, toda la sabiduría está contenida en nosotros. El *gurú* nos la recuerda; despierta aquello que está dormido.

«La afirmación misma de que no hace falta un Maestro implica su existencia, ya que después de todo, alguien tuvo que decírnoslo. El *gurú* es aquel que destruye nuestra ignorancia. Mientras nuestra mente no haya adquirido cierta pureza, es esencial pasar cierto tiempo cerca de un Maestro y seguir sus instrucciones. Aun si posees un talento innato para la música, no lo desarrollarás si no practicas bajo los auspicios de un profesor competente.

«La capacidad de los *gurús* ordinarios se limita a explicar los principios de la espiritualidad. Pero un *satguru*, que ha realizado el Ser, transmite a sus discípulos una parte de su poder espiritual. Eso les permite alcanzar el objetivo más rápidamente. Como la tortuga hace que sus huevos se abran por el poder del pensamiento, los pensamientos del *satguru* despiertan el poder espiritual del discípulo.

«Los *satsangs* y los libros espirituales dirigen la mente a pensamientos de bondad. Pero eso solo no nos permite avanzar con ritmo regular. Un médico examina al enfermo y le prescribe medicación. Pero si es necesaria una operación, es preciso consultar a un cirujano. De igual modo, para purificar la mente, para avanzar hacia el objetivo supremo, nos es necesario refugiarnos en un *gurú*».

Periodista: «¿No dicen las Escrituras que todo está en nuestro interior? ¿Para qué sirve entonces el *sadhana*?»

Amma: «Aunque todo está en nuestro interior, de nada sirve si no somos conscientes de ello. Para eso sirve el *sadhana*, Los rishis, que nos han transmitido *mahavakyas* (grandes aforismos o refranes) como 'Yo soy Brahman' y 'Tú eres Eso', habían logrado ese nivel de consciencia. Su forma de vivir era muy distinta de la nuestra. Tenían una visión igual de todos los seres vivos. A todos amaban y servían sin distinción. A sus ojos, nada en el universo estaba separado de ellos. Mientras ellos manifestaban las cualidades de Dios, nosotros tenemos las de las moscas. Una mosca vive en la suciedad y los excrementos. De igual forma, nuestra mente sólo ve defectos y errores en los demás. Eso debe cambiar. Tenemos que desarrollar la facultad de ver lo bueno en todo. Mientras no nos percatemos de la Verdad mediante el *sadhana* y la contemplación, es inútil decir que todo está dentro de nosotros.

«Hay personas que han venido aquí después de haber estudiado durante cuarenta o cincuenta años las Escrituras y el Vedanta, y afirman que no han encontrado la paz interior. No basta con pegar en la pared la imagen de una lámpara para obtener luz. Si queremos ver con claridad, es necesario encender una verdadera lámpara. Aprender de los libros y hacer discursos no basta. Para conocer la Verdad, es necesario practicar *sadhana* y descubrir nuestra verdadera naturaleza. Para llegar a esta experiencia es esencial la ayuda de un *gurú*».

Periodista: «¿Es esa la ayuda que Amma ofrece?»

Amma: «Amma no hace nada por sí misma, ¡el Paramatman hace que lo haga todo! Estas personas necesitan de ella en este momento; el buscador necesita al *gurú*. ¿Por qué? Porque en la etapa en la que está, su mente no es aún suficientemente fuerte. A los niños pequeños les gusta jugar con el fuego. Pero la madre le dice: '¡No lo toques, hijo mío, porque te quemarás!' Es necesario que alguien le diga que se aleje del fuego. Es lo que hace Amma. Al principio necesitamos que alguien nos señale nuestras faltas».

Periodista: «Si se obedece ciegamente al *gurú*, ¿no es eso esclavitud?»

Amma: «Hijo mío, para conocer la Verdad hemos de perder el sentido del 'yo'. Nos resulta extremadamente difícil hacer *sadhana* por nuestra cuenta. Para eliminar el ego es indispensable dedicarse a hacer prácticas espirituales bajo la guía de un *gurú*. Cuando nos postramos ante el Maestro, no vemos en él a un individuo sino al ideal que él encarna. Actuamos así para poder un día alcanzar su nivel.

«Crecemos a través de la humildad. La semilla contiene al árbol, pero si permanece en el granero, se la comerán los ratones. Su verdadera forma sólo se manifestará después de haber sido enterrada en la tierra. El paraguas se abre presionando un botón; sólo entonces te protegerá de la lluvia.

«Por respeto hemos obedecido a nuestros padres, a nuestros mayores y a nuestros profesores; así es como hemos podido crecer y adquirir conocimientos. Ellos han cultivado en nosotros buenas cualidades y hábitos. De igual forma, la obediencia al *gurú* facilita al discípulo el acceso a un nivel más amplio y elevado de conciencia.

«Para que más tarde pueda convertirse en Rey de reyes, el discípulo asume primero el papel de criado. Protegemos un mango y lo rodeamos con una cerca, lo abonamos y cuidamos para después disfrutar de sus frutos. El discípulo muestra su respeto hacia el *gurú* y le obedece para poder alcanzar la Verdad que él encarna.

«Cuando tomamos un avión, las azafatas piden que nos abrochemos los cinturones antes del despegue. No es para demostrarnos su poder sino por nuestra seguridad. Igualmente el *gurú* le pide al discípulo que siga ciertas normas y respete los límites, pero sólo para protegerlo de los posibles peligros que podrían acontecerle. El Maestro sabe que los impulsos del discípulo, que provienen del ego, son un peligro para él y los demás. La carretera está abierta a todo tipo de vehículos, pero si cada uno conduce a su aire, los accidentes se multiplicarían. Por eso estamos obligados a respetar las normas de circulación. Obedecemos al policía de tráfico en una intersección, evitando con ello numerosos accidentes.

«Si nuestro sentido del 'yo' y 'mío' está a punto de destruirnos, sólo nos salva la obediencia a los consejos del *gurú*. Él nos proporciona la necesaria instrucción para, más tarde, vivir fuera de peligro. La sola proximidad del Maestro nos infunde fuerza. Él es la encarnación del altruismo. En él descubrimos la verdad, el *dharma* (la rectitud), la renuncia y el amor, porque vive en estas virtudes. Él es su esencia. Si le obedecemos y le imitamos, éstas echarán raíces en nosotros; la obediencia al *gurú* no es esclavitud. El objetivo del *gurú* es la seguridad del discípulo. En realidad, él nos muestra el camino. Un verdadero Maestro no considera jamás al discípulo como esclavo. Está lleno de amor por él y quiere ver cómo alcanza su meta, aunque ello implique sufrimiento para él mismo. De hecho, el verdadero *gurú* es como una madre».

Las palabras de Amma quedaron profundamente grabadas en el espíritu de los devotos, disipando dudas y sembrando las semillas de la fe. El periodista se fue, satisfecho por haber descubierto infinidad de cosas que antes ignoraba.

Meditación

Sábado, 22 de junio de 1985

Amma y los *brahmacharis* se encontraban en la sala de meditación. Estaban también algunos devotos, padres de familia. Un *brahmachari* recién llegado no quiso perder esta ocasión de estar cerca de Amma para saber más acerca de la meditación.

Br.: «Amma, ¿qué se entiende por meditación?»

Amma: «Imaginemos que vamos a preparar *payasam* (postre de arroz). Si alguien nos pregunta por qué ponemos agua en la cacerola, respondemos que es para el *payasam*. Pero lo único que hacemos es poner agua a calentar. Cuando tomamos el arroz y el *jaggeri* (azúcar de caña sin refinar), decimos que es para el *payasam*. En realidad, el *payasam* aún está por hacer. De igual manera, cuando nos sentamos con los ojos cerrados, decimos que estamos meditando. De hecho, no es meditación, sino una práctica cuyo objetivo es facilitarnos el estado de la verdadera meditación. La meditación es un estado mental, una experiencia indescriptible.

«Hablamos mucho de *sadhakam* en relación con el canto. Eso sólo designa la práctica. Para cantar bien es necesario ensayar regularmente para desarrollar habilidad. De igual forma, en el camino espiritual, el *sadhana* es la práctica y la meditación es el estado al que nos permite acceder.

«El recuerdo constante de Dios es meditación; es como la corriente de un río. A este estado sólo se llega a través de una concentración perfecta. Al principio es necesario purificar la mente, concentrarla y disolverla mediante el *japa* y los cantos devocionales; y a continuación podemos practicar la meditación. Si no experimentamos el amor a Dios, es imposible fijar la mente en Él. La mente del que ha desarrollado este amor ya no se distraerá jamás en las cosas del mundo. Para él, los placeres del mundo son como excrementos de perro. Los bebés juegan con la suciedad y el barro y se lo llevan todo a la boca. Pero cuando crecen y adquieren su propio discernimiento, ¿sienten aún la tentación de hacerlo?»

Los sufrimientos de la vida en el mundo

Un *brahmachari* trajo a Amma algunas cartas que acababan de llegar y ella se puso a leerlas. Mientras lo hacía, dijo a los devotos: «Basta con leer estas cartas para comprender la naturaleza de la vida. Casi todas ellas hablan de sufrimientos inmensos».

Br.: «¿Ninguna de ellas plantea temas espirituales?»

Amma: «Sí, pero en su mayor parte hablan de historias dolorosas. Como esta carta que llegó hace unos días, escrita por una de mis hijas. Su marido vuelve borracho todas las noches y la golpea. Un día, su hijo de dos años se interpuso entre los dos. Para un hombre embriagado, no existe diferencia entre un bebé y un adulto. Una patada bastó para romperle la pierna al bebé. Ahora la lleva enyesada. A pesar de esto, el marido ha seguido bebiendo como antes. La madre tiene que cuidar del pequeño y hacer sus tareas domésticas. Ella pedía la bendición de Amma para que su marido deje de beber».

Un devoto: «Amma, ¿realmente lees todas estas cartas? Sólo en el correo de hoy, el volumen de cartas es enorme».

Amma: «Cuando Amma piensa en sus lágrimas, ¿cómo podría no leerlas todas? Ella responde personalmente algunas de ellas. Si el correo es excesivo, ella le explica a alguien lo que conviene responder. Es difícil leer y contestar todas las cartas. Algunas tienen una extensión de hasta diez o doce hojas. Amma no tiene tiempo para leerlo todo, aunque a veces permanece levantada hasta el amanecer. Lee cartas incluso mientras come. Es frecuente que tenga que dictar alguna carta incluso mientras se ducha».

Amma le entregó las cartas a un *brahmachari* diciendo: «Hijo, lleva todas estas cartas a la habitación de Amma; más tarde las leerá».

Descripción del Sadhana

Amma preguntó a un *brahmachari* recién llegado: «Hijo, ¿estás leyendo algo en este momento?»

Br.: «Sí, Amma. Pero casi todos los libros tratan de lo mismo y las mismas cosas aparecen una y otra vez en distintas partes».

Amma: «Hijo, sólo hay una cosa importante: '¿Qué es eterno, qué es efímero? ¿Qué es bueno, qué es malo?' Y ¿cómo se realiza lo eterno? El *Gita* y los *Puranas* tratan de explicárnoslo. Los principios esenciales aparecen allí repetidos una y otra vez. Es para mostrar su importancia. A fuerza de repeticiones, termina por grabarse en la memoria de la gente. Entre los libros sólo existen ciertas diferencias superficiales, nada más. Mientras que el Ramayana narra la batalla entre Rama y Ravana, el Mahabharata habla de la guerra entre Kauravas y Pandavas. El principio fundamental es el mismo. ¿Cómo permanecer fiel a los principios espirituales y enfrentarse a las diferentes situaciones que nos presenta la vida? Es lo que los *Mahatmas* y los libros intentan enseñarnos».

Otro *brahmachari*: «Amma, me siento físicamente débil desde que empecé las lecciones de yoga».

Amma: «Hijo, en los primeros meses de práctica de yoga notarás una sensación de cansancio. Come bien. Cuando tu cuerpo se habitúe a las posturas, todo volverá a la normalidad. Para entonces, también tus necesidades alimenticias volverán a ser normales». Amma se rió.

«Pero que no te vea atiborrándote, bajo el pretexto de que 'Amma te ha dicho que comieras bien...'»

Todos se echaron a reír.

Amma continuó: «Un *sadhak* debe ser muy cauteloso con sus hábitos alimenticios. Es preferible no comer nada por la mañana. Os debéis sumergir en la meditación hasta cerca de las once. Comer demasiado aumenta el *tamas* (embotamiento), que hace que la mente se llene de toda clase de tendencias malsanas. Si coméis por la mañana, que sea algo ligero. La mente debe concentrarse en la meditación».

Un joven que se hallaba sentado junto a la puerta de la sala de meditación escuchaba atentamente las palabras de Amma. Era universitario y poseía titulación superior y vivía desde hacía cuatro años en Rishikesh. El mes anterior había oído hablar de Amma cuando visitaba a un amigo en Delhi. Llevaba dos días en el ashram.

Joven: «Amma, yo practico *sadhana* desde hace algunos años y por el momento el resultado me decepciona, siento que las fuerzas me abandonan al pensar que aún no he logrado realizar a Dios».

Amma: «Hijo mío, ¿sabes qué grado de desapego es necesario para realizar a Dios? Imagina que estás en tu casa, durmiendo profundamente. De repente, una sensación de calor te despierta y descubres que estás rodeado por las llamas. ¿No harías un desesperado esfuerzo por escapar del fuego? Piensa en la fuerza con la que pedirías socorro viendo a la muerte frente a ti. Para obtener la visión de Dios, hace falta implorar con la misma desesperación. Imagínate cómo una persona que cae al agua sin saber nadar lucha para salir y respirar. Así es como hay que luchar para fundirse en el Absoluto. El dolor de no haber conseguido la visión de Dios debe ser constante y atenazarte el corazón a cada momento».

Amma guardó silencio un momento y después continuó: «Simplemente por vivir en el ashram no obtendréis la visión de Dios. Es preciso practicar *sadhana* con supremo desapego. 'No quiero nada que no sea Dios', debe ser vuestra actitud. El que padece fiebre hasta las golosinas le resultan amargas. El que arde en amor de Dios no piensa en nada más. Sus ojos no desean ver más que la forma de Dios. Sus oídos anhelan oír el nombre divino y cualquier otro sonido le resulta estridente y desagradable. ¡Su mente lucha como pez fuera del agua hasta no alcanzar a Dios!»

Amma cerró los ojos y se sumergió en meditación. Todos se quedaron con la mirada intensamente fija en ella.

Unos minutos más tarde, Amma se puso en pie y recorrió el muro exterior de la sala de meditación. El depósito de agua potable estaba al sur, a un metro del muro de la sala, dejando un paso estrecho. El agua de este depósito se bombeaba a una cisterna situada más arriba, y de allí se distribuía a todo el ashram. Amma examinó el depósito. Antes de dirigirse a la cabaña para dar el *darshan* a las personas que la esperaban, dijo a los *brahmacharis*: «El musgo está creciendo en las paredes del depósito. Hijos, hay que limpiarlo».

Era la hora del crepúsculo. Amma, sentada en el pequeño lecho de su habitación, se hallaba sumergida en un éxtasis divino y cantaba un *bhajan*. La llama de la lámpara de aceite, totalmente inmóvil, parecía cautivada por su canto.

Agamanta porule jaganmayi

Oh, Esencia de los Vedas,
Tú que impregnas el universo,
Tú que eres sabiduría pura,
¿Quién te conoce?
Oh Ser dichoso y eterno
Desprovisto de sufrimiento,
¡Oh Poder supremo y primordial, protégeme!

Tú que moras en todos los corazones,
Deseoso de otorgar la dicha de la liberación.
Los malvados no pueden verte,
Pero brillas por siempre
en la meditación de los virtuosos.

Tú resplandeces bajo la forma de la verdad eterna,
Oh Devi, la Eterna,
Muéstrame el camino de la liberación,
Brilla en mí, aunque sólo soy un torpe.

Oh Madre, te lo pido claramente:
Dígnate entrar y brillar en mi corazón
Déjame proclamar tu gloria
Y líbrame de este Maya.

En la pared detrás de Amma estaba colgada una representación de la diosa Sarasvati con una *vina* entre las manos. ¿Se movieron los dedos de la diosa para tocar este instrumento de cuerda y acompañar el canto de Amma? Antes de que el eco de la melodía se desvaneciera, ella tomó la imagen y la besó repetidas veces. Después se quedó inmóvil, apretando estrechamente la imagen contra su pecho, sin hacer el más mínimo movimiento.

Cuando empezaron los *bhajans* frente al *kalari*, ella colocó con suavidad el cuadro sobre su cama. En él aún eran visibles los surcos que sus lágrimas habían dejado. Amma se levantó y se puso a caminar lentamente de un lado a otro, aún inmersa en éxtasis. Después de los *bhajans* empezó el *arati*. Amma salió al pequeño patio frente a la sala de meditación.

Consejos a los devotos

Algunos devotos se acercaron a Amma y ella les condujo hasta el *kalari* y se sentó.

Un devoto: «Amma, quiero preguntarte sobre algo que les dijiste esta mañana a los *brahmacharis*».

Amma: «Adelante, hijo mío».

Devoto: «Amma mencionó que la vida en el mundo era comparable al excremento de un perro. ¿Hace falta verla de esa forma tan negativa?»

Amma contestó riéndose: «En esos momentos Amma se dirigía a los *brahmacharis*, ¿no es así? Para perseverar en el camino espiritual, necesitan un intenso grado de desapego. Si la consciencia de su objetivo está firmemente anclada en él, un *brahmachari* no se sentirá en absoluto atraído por el mundo. Es necesario que Amma le dé una visión negativa de la vida mundana para que tenga la fuerza de continuar su camino. De lo contrario, caería en las redes de los placeres físicos y perdería su fuerza.

«Un soldado recibe el adiestramiento adecuado al trabajo del ejército; el de un policía es distinto y le permitirá ejercer su profesión. De igual manera, las instrucciones destinadas a los *brahmacharis* son diferentes de las de los padres de familia. Aunque el objetivo sea el mismo, el grado de intensidad varía. El *brahmachari* ya ha renunciado a todas sus relaciones y se ha consagrado por completo a su camino. En cada paso, repite un *mantra* de desapego.

«Amma nunca dirá que la condición de *grihasthashrama* es inferior. ¿No eran padres de familia nuestros antiguos rishis? ¿No vivieron Rama y Krishna una vida de familia? Pero el que ha hecho voto de *brahmacharya* debe considerar la vida en el mundo como excremento de perro. Así podrá mantener el desapego indispensable para permanecer en el sendero.

«Por lo tanto, un *brahmachari* debe recibir los consejos necesarios para desarrollar un completo desapego. Amma es muy feliz al ver que entre sus hijos, padres de familia, se despierta el sentido del desapego. Si están atentos y mantienen siempre encendida esta llama, finalmente alcanzarán su objetivo. Amma nunca le pedirá a nadie que lo abandone todo y se convierta en *sannyasi* hasta que la persona misma experimente un total desapego.

«El camino que la Madre señala no consiste en ir al Himalaya y sentarse con los ojos cerrados para pensar solamente en la liberación (*moksha*). Es necesario aprender a superar las situaciones adversas. En la selva, el chacal se hace el propósito de no aullar la próxima vez que vea a un perro. Pero en cuanto aparece uno, aúlla, porque la costumbre es más fuerte. El verdadero valor consiste en no experimentar apego ni posesividad, aun viviendo en medio de las experiencias del mundo. Así debería ser un verdadero *grihasthashrami*.

«Igual que cae la flor cuando se forma el fruto, los deseos mundanos desaparecen cuando nace el desapego. Tanto si la persona vive en su casa o en lo profundo del bosque, ningún deseo podrá esclavizarla. Aquel cuyo objetivo es realizar a Dios no concede importancia a lo demás. Ha llegado a comprender que todo lo material es efímero y que la verdadera dicha está en el interior».

Devoto: «¿Cómo hacer que la mente se vuelva a Dios si vaga en busca de placeres externos?»

Amma: «Cuando el camello tiene hambre, come zarzas, y eso le hace sangrar la boca. Si cuando tienes hambre comes guindillas o ají porque te gustan, sentirás fuego en la boca y también en el estómago. Querías saciar tu hambre, pero ahora deberás sufrir las consecuencias. De igual manera, si creemos que nuestra felicidad depende de las cosas materiales, inevitablemente terminaremos sufriendo.

«Tomemos como ejemplo al almizclero. Puede empeñarse durante largo tiempo en buscar el origen de la fragancia que respira, pero jamás la encontrará porque está en él. La felicidad no proviene de las cosas materiales. Está en nuestro interior. Si contemplamos esta verdad y desarrollamos el suficiente desapego, la mente dejará de correr tras los placeres externos.

«Sabiendo que el zumo está en la fruta, la pelamos y tiramos la piel. Esa es la actitud que debe tener un *sadhak*. Así su mente no se quedará en lo externo y será capaz de saborear la esencia de todas las cosas».

Devoto: «¿No es posible experimentar la felicidad llevando una vida mundana?»

Amma: «¿Cómo podrías conocer la plenitud del gozo sin fijar la mente de forma absoluta en Dios? Si mezclas *payasam* con otros alimentos, ¿serías capaz de distinguir su sabor? El dios Vishnu pidió repetidas veces a Sanaka y a los otros sabios que se casaran. Pero ellos le respondieron: 'Cada instante de nuestra vida matrimonial transcurrirá sin pensar en ti. ¡Sólo tenemos necesidad de ti, Señor, de nada más!'

«Como nada está separado de Dios, la gente afirma que los placeres del mundo no deberían constituir un obstáculo. Sin duda alguna, si se piensa en Dios en todas las circunstancias. Pero ¿podemos hacerlo? Cuando comemos una golosina, ¿saboreamos su dulzura o pensamos en Dios? Si lográis no pensar en otra cosa que no sea Dios, incluso en ese instante, entonces no hay problema, podréis seguir este camino».

Un devoto: «¿Las Escrituras sólo prescriben cuatro fases de la vida: *brahmacharya, grihasthashrama, vanaprastha y sannyasa*? Después de haber llevado una vida de *grihastha* (padre de familia), se pasa a la fase de *vanaprastha* cuando uno llega a cierto desapego, para convertirse en *sannyasi* cuando el desapego es total. Para entonces se han roto ya todos los vínculos y uno se abandona completamente a Dios. Éste es el verdadero objetivo de la vida».

Otro devoto: «También se dice que si el desapego es total, es posible pasar directamente de la etapa de *brahmacharya* a la de *sannyasa*».

Amma (riéndose): «Desde luego, pero los padres no lo permiten, ése es el problema. Algunos de los hijos que viven en el ashram han tenido que enfrentarse a una fuerte oposición para poder quedarse aquí».

Un devoto: «¿Merecemos la realización? ¡Nos aflige tanto estar atrapados en esta vida mundana!»

Amma: «¡No lo penséis, queridos hijos! Considerad que esta vida tiene como fin eliminar los obstáculos en vuestro camino hacia Dios. Cuando se sale de viaje, si hay algún obstáculo en el camino, lo quitamos para poder continuar. Si no lo hacemos, el obstáculo seguirá allí. La vida en el mundo nos permite ir desarraigando los deseos y la ira presentes en nosotros. A veces, Amma recomienda el matrimonio a los hijos que tienen *vasanas* (tendencias) muy marcadas. Si éstas se reprimen, tarde o temprano estallarán. Necesitamos trascenderlas. La vida familiar crea las circunstancias adecuadas para ello.

«La mente se fortalece con la práctica de la contemplación. Si el bebé mientras aprende a andar se cae, necesita levantarse y volver a intentarlo. Si se queda en el suelo, no hará ningún progreso. La vida de familia no está hecha para alejarnos de Dios sino para acercarnos a Él. Hijos míos, utilizadla con este fin y no os preocupéis inútilmente.

«La vida familiar nos permite superar nuestras *vasanas*. No permitáis que os ahogue; comprended su naturaleza para superarlas. No alcanzaremos el objetivo hasta que estemos totalmente despegados de nuestras tendencias negativas. Quedamos satisfechos con una ración de *payasam,* pero un poco más tarde desearemos el doble. Cuando hayamos comprendido la verdadera naturaleza de este deseo, la mente dejará de prestarle atención. Si una lagartija cae en el *payasam,* ¿quién desea comérselo?

«Cuando nuestras *vasanas* tratan de doblegarnos, la mente se resiste si sabe que no producen la verdadera felicidad, que sólo nos traen sufrimiento. Pero es necesario que esta verdad esté bien plantada en la mente y el intelecto. ¡Hijos míos, no dejéis que la tiranía de la mente estropee vuestra vida! No cambiéis una joya de incalculable valor por un caramelo. La mente se calmará si realmente despreciamos los placeres de los sentidos.

«No os inquietéis si no tenéis la fuerza para hacerlo ahora mismo. Buscad todos los días un momento para meditar en soledad, adoptando la actitud de un testigo. Que se convierta en una costumbre. Ciertamente desarrollaréis la fuerza que necesitáis. Es inútil ponerse a llorar pensando que sois demasiado débiles. Encontrad la fuerza necesaria. Entonces podréis afrontar resueltamente cualquier dificultad. Hijos míos, no lloréis pensando que sois indignos. Eso sólo os debilitará más.

«Hijo mío, no te lamentes por no ser un *brahmachari,* por no vivir cerca de Amma. Algunas hojas están cerca de la flor, otras más lejos, pero todas pertenecen a la misma planta. Hijos, no lo dudéis nunca. Que no os entristezca no poder disfrutar de la presencia de Amma. También vosotros podéis alcanzar un día el supremo objetivo».

El devoto: «Sin embargo, ¿no han sido inútiles nuestras vidas puesto que éramos prisioneros de los deseos materiales?

«¿Para qué atormentarse por el pasado? Avanza con fe. Había una vez un leñador muy pobre. Todos los días iba al bosque a cortar madera para hacer carbón, que luego vendía a un almacén como combustible. Esta actividad le producía un magro beneficio, insuficiente para llenarle el estómago. Por casa tenía una vieja choza en mal estado y con goteras. Su salud no le permitía trabajar más y estaba desesperado. Un día, el rey pasó por la aldea. Oyó hablar de la triste situación del leñador. El rey le dijo: «A partir de hoy ya no tendrás qué luchar para sobrevivir. Te regalo un bosque de madera de sándalo. Podrás vivir cómodamente de sus beneficios.

«Al día siguiente, el leñador fue a trabajar como de costumbre. Puesto que ya poseía su propio bosque, no necesitaba buscar árboles para talar. Cortó madera de sándalo, hizo carbón y lo llevó al almacén, como siempre. No ganó más de lo que ganaba antes.

«Varios años más tarde, el rey volvió a la aldea. Quiso ver al hombre al que había regalado el bosque de madera de sándalo. El rey esperaba ver a un hombre rico. Se quedó atónito al ver al leñador; inexplicablemente parecía más pobre aún que antes. Su rostro no expresaba ninguna felicidad y había olvidado lo que significaba la risa. Consternado, el rey le preguntó: ¿Qué te ha ocurrido? ¿Qué has hecho con el bosque que te regalé?' 'He cortado los árboles, con ellos he hecho carbón y lo he vendido'. ¡El rey no podía creer lo que oía! Este hombre había vendido los valiosos árboles por una cantidad despreciable. '¿Quedan árboles?', preguntó. 'Sí, queda uno', respondió el hombre. Entonces dijo el rey: '¡Qué estúpido eres! Te he dado un bosque entero de madera de sándalo. ¡Esta madera no es para convertirla en combustible! Bueno, al menos te queda un árbol. Córtalo y véndelo sin convertirlo en carbón. Ganarás lo suficiente para vivir el resto de tu vida'. El leñador siguió el consejo del rey y en adelante pudo vivir cómodamente.

«Hijos míos, deseáis conocer a Dios. Eso basta. Vuestra vida experimentará la realización. Bastará que a partir de ahora la viváis de forma adecuada».

Una mujer acompañada de dos niños se acercó a Amma y se postró a sus pies. Inclinó la cabeza en su regazo y se echó a llorar amargamente, contándole la historia de sus desdichas.

Su marido había iniciado un negocio con un préstamo por el que le cobraban unos intereses exageradamente elevados. El negocio quebró. Para pagar la deuda, vendieron sus tierras y empeñaron las joyas de la mujer. No pudieron recuperarlas a tiempo y fueron subastadas. Presionados por los acreedores, se vieron obligados a vender su casa y a vivir en otra de alquiler. Ahora, no tenían el dinero necesario para pagar el alquiler. La joven se marchó con sus hijos con la idea de suicidarse, pero había oído hablar de Amma y vino a verla.

Entre sollozos dijo: «Amma, teníamos una buena vida y mi marido lo ha estropeado todo. Ya no puedo vivir allí, ni siquiera hay dinero para pagar el alquiler. Todos mis parientes gozan de buena posición. La vergüenza no me dejaría nunca presentarme ante ellos. He decidido poner fin a mi vida y a la de mis hijos».

Amma: «Hija mía, no tienes por qué morir. Además, tu vida no está en tus manos. ¿Con qué derecho dispondrías de la vida de tus hijos? No hay fuego sin humo, hija, ni deseo sin sufrimiento. Es como el sol y la sensación de calor. Queríais vivir a lo grande y habéis montado un negocio que sólo os ha causado sufrimiento. Si hubieseis aprendido a conformaros con lo que teníais, no tendríais ahora ningún problema. La vida está hecha de gozo y de dolor. Ninguna existencia está constituida sólo de felicidad o sólo de sufrimiento.

«Hay un tiempo para todo. Hay etapas en la vida en las que todo lo que emprendemos fracasa. De nada sirve derrumbarse cuando eso ocurre. Abandónate a Dios. Él es nuestro único refugio. No dejará de indicarnos una solución. Al menos tienes buena salud y puedes trabajar para ganarte la vida. Dios te proporcionará trabajo. Es inútil quedarte llorando en un rincón. Sólo perderás el tiempo y arruinarás tu salud. ¡No te entristezcas por lo que se ha perdido, hija mía! Afligirse pensando en el pasado es como abrazar un cuerpo sin vida. El pasado no volverá e ignoramos todo respecto al futuro. En lugar de perder el tiempo y la salud rumiando el pasado e imaginando el futuro, concéntrate en el presente. Lo estropeas si vives constantemente en el pasado o en el futuro. Debes dejarlos en manos de Dios y avanzar pensando en Él. Eso te hará sonreír siempre.

«Imagínate a alguien que se come un helado. Mientras lo come, piensa: 'En el restaurante donde comí ayer, el alimento estaba sin tapa y a la vista. ¿Habrá caído en ella alguna cucaracha o lagartija? ¿Habrá sido la jaqueca de esta mañana a causa de ese alimento? Esta mañana mi hijo ha vuelto a pedirme que le compre ropa nueva. ¿Cómo podría comprarle nada? No tengo dinero. Hace mucho tiempo que sueño con una casa más bonita, pero no gano lo suficiente. Si encontrara un mejor trabajo, todo cambiaría!' En ese momento, el helado se ha terminado. Envuelto en esos pensamientos, nuestro amigo ni siquiera ha podido saborear una cucharada. El pasado le agobiaba y el futuro le producía inquietud; así que perdió la ocasión de pasar un rato agradable en el presente. Si hubiese olvidado el pasado y el porvenir, por lo menos habría podido degustar su helado. En consecuencia, aprended a vivir valorando cada instante, hijos míos. Abandonadlo todo en manos de Dios, o acoged toda situación con una sonrisa. Olvidad el pasado y el futuro, ocupaos de lo que ocurre en el presente y estad alerta.

«Si os caéis, levantaos y avanzad con entusiasmo. Pensad que la caída ha servido para que os volváis más cuidadosos. El pasado es como un cheque cancelado. No sirve de nada cavilar sobre él. Es inútil quedarse sentado para lamentarse de las heridas. Poned cuanto antes el remedio necesario.

«Hija mía, venimos al mundo con las manos vacías y de igual manera nos vamos. Adquirimos objetos y después los perdemos. Eso es todo. Una vez que hayamos comprendido que así es el mundo, no perdamos nuestra energía preocupándonos. La paz interior es el verdadero tesoro, hija mía. Esa es la riqueza que debemos proteger a toda costa.

«Quédate aquí con los niños hasta que tu marido encuentre trabajo. ¡Y deja de preocuparte!» Amma secó con sus manos las lágrimas de la mujer, disipando sus preocupaciones.

Otra mujer manifestó: «Amma, me da tristeza ver que no consigo conectarme con Dios; surgen muchos malos pensamientos que me molestan».

Amma: «Hija mía, no te inquietes por ello. La mente es sólo una acumulación de pensamientos. Considera que los malos pensamientos surgen porque les ha llegado la hora de desaparecer. Sólo cuida de no identificarte con ellos.

«Cuando viajamos en autobús, contemplamos muchas cosas agradables por el camino: casas hermosas, flores, jardines magníficos, etc. Pero no nos vinculamos con esos objetos. Pasan delante de nuestros ojos, sabiendo que no son nuestro destino. Debemos aprender a considerar de la misma manera los pensamientos que cruzan por nuestra mente. Sólo obsérvalos, no te adhieras a ellos. Podemos quedarnos en la orilla y observar cómo fluye el río. El espectáculo es interesante, pero si saltamos a él, enseguida perderemos nuestra fuerza. Trata de desarrollar la facultad de quedarte al margen como un testigo, mientras los pensamientos pasan por la mente. Eso la fortalecerá».

Una mujer que escuchaba, manifestó: «Amma, cuando estamos atrapados en la tela de araña de la vida familiar, es difícil soltarse, por muchos esfuerzos que hagamos»

Amma: «Un pajarillo está posado en una ramita seca comiendo un fruto que ha encontrado. Sabe que la ramita puede romperse en cualquier momento, por lo tanto, se mantiene muy alerta mientras está sobre ella. Comprended que así es la naturaleza de este mundo. Podemos perderlo todo en cualquier instante. No lo olvidéis, hijos míos. Sólo Dios es eterno, afianzaos fuertemente a esta verdad y no conoceréis el sufrimiento.

«Si sabemos que alguien está lanzando fuegos artificiales, la próxima detonación no nos pillará de sorpresa ni perderemos el equilibrio. Del mismo modo, si entendemos la verdadera naturaleza de este mundo, conservaremos la calma. Aprendamos a realizar cada acción considerándola como un deber y avancemos sin identificarnos con nada.

«Tomad como ejemplo a un director de banco y a toda la gente de la que es responsable. Debe tratarlos con atención y además negociar con aquellos que acuden a solicitar un préstamo y le entregan toda la documentación necesaria. Si el director se deja halagar por las sonrisas y lisonjas de los solicitantes, si les concede el préstamo sin analizar a fondo sus documentos, terminará en la cárcel. Sabe que algunos han venido para conseguir dinero a cualquier precio; sabe también que el dinero del banco no le pertenece, pero no se lo entrega al primero que llega; no se enfada con nadie ni duda en conceder un préstamo a los que lo merecen. Sólo desea hacer bien su trabajo, eso es todo; por eso nunca se lamenta.

«Ésa es la actitud correcta para todos nosotros. Debemos ser capaces de realizarlo todo con sinceridad y entusiasmo. No se trata de languidecer en el desaliento o la pereza pensando que no nos llevaremos nada a la tumba. Hagamos nuestro trabajo como un deber, con *shraddha*, sin aversión. Considerad todas las cosas como aspectos del Paramatman. Todo está contenido en este principio supremo.

«Todos conocéis esos caramelos que vienen envueltos en papeles de diferentes colores, rojo, blanco, azul y verde. Aparentemente son distintos. Los niños pelean por conseguir su color favorito: 'Yo quiero el azul', 'yo pido el rojo', etc. El niño que reclama el caramelo rojo no estará contento si le dan uno azul.

Llorará hasta que consiga el rojo. Pero una vez que se quita la envoltura, todos los caramelos saben igual. Nosotros somos como esos niños: no pensamos en el caramelo, nos dejamos fascinar por las distintas envolturas y peleamos por obtener el color deseado. En realidad, el principio que está presente en todos los seres vivos es el mismo. Las formas y los colores externos varían, pero el principio supremo es inmutable. Somos incapaces de captar esta verdad porque hemos perdido nuestra inocencia infantil y nuestra pureza interior.

«Supongamos que alguien está enfadado con nosotros o actúa con agresividad. Si reaccionamos con ira o le castigamos, sería como poner el dedo para agrandar la llaga que tiene en una mano, en lugar de curarla aplicando un remedio. El pus de la herida nos caerá encima y oleremos mal. Su ego se verá reforzado por ello y nuestra ignorancia aumentará. Por el contrario, perdonarle será como curar su herida, nuestra conciencia se eleva y se nos abre el corazón. Por lo tanto, hijos míos, llevad una vida de amor y perdón. Eso os puede parecer muy difícil, pero si lo intentáis, seguramente lo conseguiréis».

Un devoto: «Amma, ¿cómo puedo sacar tiempo para meditar y hacer *japa* con todas las responsabilidades familiares que tengo?»

Amma: «Nada es difícil para el que realmente quiere, pero es necesario que el deseo sea auténtico. Pasad en soledad al menos un día a la semana y dedicadlo a hacer *sadhana*. A pesar de vuestras responsabilidades y del trabajo que tenéis que hacer, debéis encontrar los medios. ¿No pedís una baja médica cuando no os encontráis bien, aún teniendo mucho trabajo sin terminar? ¿No pedís un día de permiso para asistir a una boda en vuestra familia? ¡Pues hacer *sadhana* es incluso más importante! Por lo menos una vez a la semana, id a un ashram para hacer prácticas espirituales y para servir. Eso os permitirá fortalecer el amor y el sentido de cooperación en el seno de vuestra familia.

«Si vuestros hijos se portan mal, explicadles las cosas con amor. La infancia es la base de la vida. Si no concedemos la suficiente atención a nuestros hijos, si no les mostramos afecto ni amor, pueden extraviarse. Es importante que los padres muestren mucho amor a sus hijos cuando son muy pequeños, al igual que se riega el tierno retoño de una planta. Cuando los hijos han crecido y tienen un empleo, los padres deberían confiarles la responsabilidad de la familia y retirarse a un ashram para hacer *sadhana* en soledad. Purificad vuestra mente mediante el servicio desinteresado. No es sensato permanecer ligados a los hijos y al hogar hasta el último aliento. Una vez que los hijos se convierten en adultos, tendréis el deseo de ver crecer a vuestros nietos y ayudar en su educación. Todos los seres vivos sobre la tierra se desarrollan y viven ¿no es verdad? No esperan nuestra ayuda. Confiad vuestros hijos a Dios. Es lo que deberían hacer los padres amorosos. Ese es el verdadero amor.

«Hasta ahora hemos bregado 'por nosotros y nuestros hijos'. En eso no nos diferenciamos de los animales. ¿Cuál es, pues, el fruto de esta preciosa encarnación humana? A partir de ahora, nuestro trabajo debe consagrarse al 'Tú'. Entonces, poco a poco, el 'yo' desaparecerá por sí solo y con él, nuestras preocupaciones y sufrimientos.

«Una vez que nos hemos subido al tren, ¿qué sentido tiene continuar cargando con nuestra maleta quejándonos de su peso? Podemos ponerla en el suelo. Aprendamos a refugiarnos en el Ser Supremo, a abandonarlo todo en Él.

«Si nos resulta difícil encontrar un día a la semana, deberíamos pasar por lo menos dos días al mes en el atmósfera de un ashram para meditar, repetir nuestro *mantra* y para servir. El recuerdo de Dios es el cimiento de la vida. Así llegaremos a liberarnos de todos los vínculos, como una serpiente abandona su piel vieja, y a fundirnos en Dios. Seguid una disciplina constante.

Ciertas personas dicen que les resulta inútil retirarse del mundo que nos rodea, puesto que también es Brahman. Ciertamente todo es Brahman, pero ¿hemos alcanzado este nivel de conciencia? Dios no ve mal alguno en nadie. Sólo ve el bien en todo. Cuando tengamos la misma actitud, podremos permitirnos afirmar que todo es Brahman. Si se encuentra una sola cosa buena en medio de mil malas, Dios sólo verá la buena.

«Un *gurú* ordenó a sus dos discípulos que salieran al mundo para que conocieran la naturaleza de la gente. Cuando el primer discípulo se puso en marcha, vio a un hombre junto al camino que consolaba a un niño y le daba un caramelo. Al informarse, supo que este hombre era en realidad un asesino. A pesar de todo, el discípulo se sintió conmovido por el lado bueno de este hombre. Siguió su camino y vio que alguien le daba de beber a un anciano tumbado en el arcén, debilitado por el hambre y la sed. A continuación supo que el hombre era un ladrón; se regocijó al ver que incluso este pillo sentía compasión. Después vio que una prostituta enjugaba las lágrimas y tranquilizaba a otra mujer. Al ver la bondad y compasión que mostraba, el discípulo fue incapaz de despreciar a esta hija de la calle. Volvió a su *gurú* y le relató todo, alabando las buenas acciones que había presenciado.

«El segundo discípulo volvió a la misma hora. Contó que había visto a un hombre que golpeaba a un niño, a otro que reprendía a un mendigo y por último a una enfermera que se enfadaba con un enfermo. Sólo sentía odio por la gente que había visto comportarse de esta forma. El hombre que le pegaba al niño tenía un gran corazón. De hecho, proporcionaba alimento y ropa a un gran número de niños pobres y les procuraba una educación. Aquel niño concretamente tenía la costumbre de robar. No servía de nada hablar con él y el hombre terminó pegándole para hacerle comprender su error. Pero al discípulo le parecía injustificado.

Pensaba: 'Por muy generoso que sea nuestro corazón, a un niño no se le debe golpear. ¡Qué hombre tan malvado!'.

«El segundo hombre que había visto era un hombre que daba generosamente a los demás. Vio mendigar a alguien que tenía buena salud. Trató de convencerle para que emplease la salud que Dios le daba para trabajar y ganarse la vida. Al discípulo también esto le pareció mal. Pensaba: 'Por muy generoso que uno sea, ¿qué derecho tiene a dar consejos? Si no quería darle nada al mendigo, bastaba con decirle que se fuera'.

«Finalmente, la enfermera que el discípulo había visto amaba mucho a sus pacientes. Les cuidaba día y noche. Este enfermo tenía la costumbre de quitarse los apósitos, lo cual impedía que sus heridas cicatrizaran. La enfermera le reñía porque le amaba. Pues bien, esto tampoco lo admitía el discípulo. 'Seguro que la enfermera le había aplicado un remedio que le irritaba las heridas y por eso se quitaba los apósitos. ¡Y ella le riñe! ¡Qué mujer tan mala'.

«Después de haber escuchado los relatos de los dos discípulos, el *gurú* declaró: 'Nadie es del todo malo en este mundo. Por mala que sea la reputación de una persona, existe en ella el bien. Uno de vosotros ha podido ver el bien en un asesino, en un ladrón y en una prostituta. Si hay bondad en nosotros, la veremos en los demás. Esa mirada es la que necesitamos'.

«El Maestro le dijo al segundo discípulo: 'Hijo mío, es tu propia naturaleza lo que has visto en los demás. Sólo has podido percibir el mal, aun entre los más bondadosos. Cuando cambies, tú también podrás ver el bien en todas las cosas'.

«Ahora mismo nuestra mente se parece a la del segundo discípulo. Incluso ante mil acciones justas, no las vemos. Sólo vemos el error que se ha cometido. Pero Dios no ve en sus hijos más que lo bueno. No podemos decir que todo es Brahman o que todo es Dios hasta que tengamos la misma actitud.

«Algunas personas afirman: '¿No está el *gurú* en nosotros? ¿No basta con seguir nuestro pensamiento? ¿Qué sentido tiene refugiarnos en otra persona?' Es verdad que el *gurú* está dentro de nosotros, pero en el momento presente es esclavo de nuestras *vasanas*. No somos nosotros quienes controlamos nuestro pensamiento, sino nuestras *vasanas*; por lo tanto es peligroso seguirlo.

«Os contaré una historia: había una vez un hombre que había conocido a muchos *gurús*. Sólo hablaban de humildad, fe y devoción. El hombre desdeñaba sus palabras. 'Yo no quiero ser esclavo de nadie', pensó. Sentado al borde del camino, reflexionaba: 'Ninguno de los Maestros que he visto es capaz de guiarme correctamente'. Inmerso como estaba en sus pensamientos, levantó la cabeza y vio no lejos de allí un camello que pastaba. El animal movía la cabeza. El hombre se sorprendió de que el animal entendiera sus pensamientos. 'Ése debe ser el *gurú* que busco', se dijo. Se acercó a él y le preguntó: '¿Quieres ser mi Maestro?' El camello movió nuevamente la cabeza. Nuestro hombre se sintió feliz.

«A partir de ese momento, no hacía nada sin antes preguntarle a su Maestro camello. El animal lo aprobaba todo con un movimiento de cabeza. Un día le preguntó: 'He conocido a una joven. ¿Puedo amarla?' El camello movió la cabeza. Al cabo de unos días, volvió y le preguntó: '¿Me casaré con ella?' El animal dio su aprobación también a esto. Pasaron unos cuantos días. La pregunta siguiente fue: '¿Está bien si bebo un poco?' El camello, una vez más, movió la cabeza. Aquel día, el hombre volvió a su casa algo borracho, pero pronto la bebida se convirtió en un hábito. Como a su mujer no le gustó, fue a ver a su *gurú* y le preguntó si podía pelearse con su mujer. El Maestro le dio su autorización. Al cabo de poco tiempo, volvió para decirle: 'Mi mujer no quiere que beba. ¿Puedo matarla?' Incluso a esta pregunta, el camello respondió afirmativamente. El hombre se dio prisa en volver a su casa, apuñaló a su mujer, causándole graves heridas. La policía vino y le arrestó, y fue condenado a cadena perpetua.

«La mente es como este *gurú* camello. No es una cuestión de bueno o malo. La mente aprueba todo lo que nos gusta, sin pensar en las consecuencias. Si nos fiamos de la mente, que es la esclava de las *vasanas*, seremos prisioneros para siempre. En este momento nuestro intelecto carece de discernimiento, por eso, es mejor seguir los consejos de un verdadero *gurú*. Cometemos errores usando como pretexto que Dios nos obliga a hacerlo. No es correcto por nuestra parte desear que el Maestro apruebe todo lo que hacemos. Sólo el que sigue las instrucciones de un *gurú* sin ponerlas en tela de juicio podrá alcanzar el objetivo. Ése es un verdadero discípulo.

«Al igual que la tortuga empolla sus huevos con el pensamiento, un pensamiento del Maestro basta para conducirnos a la meta. Un *satguru* es aquel que ha realizado la Verdad. Al seguir sus consejos, incluso si no nos convienen en el momento, avanzamos. Los Maestros que dejan que sus discípulos sigan sus deseos no son auténticos. Sólo saben mover la cabeza como el camello. No se preocupan de los progresos de su discípulo».

Un devoto: «Amma, ¿no dicen las Escrituras que todo es Brahman?»

Amma: «¡Pero aún no hemos llegado a ese nivel! Es necesario que actuemos con discernimiento. Es una insensatez acercarse a un perro rabioso afirmando que todo es Brahman.

«El amigo que os pide que no os acerquéis al animal también es Brahman. Si en semejante situación carecéis del discernimiento necesario, moriréis.

«Mientras no lo hayáis experimentado, ¿de qué sirve repetir: 'Todo es Brahman'? Pensad en los objetos que pueden hacerse con la caña. Hay bejuco en una silla, una mesa, una cesta. Pero también contiene en sí la silla, la mesa, la cesta. De igual manera, hay oro en el anillo, en el brazalete y en los pendientes. Pero nos atraen en especial las formas que asumen estos objetos. Los que no se dejan fascinar por la forma ven el oro. Es esta mirada la que tenemos que desarrollar, al entender que todo contiene la realidad suprema, Brahman. Los que tienen esta visión no pueden hacer nunca el mal. El que habla de Brahman sin haberlo experimentado cometerá errores.

«El *Advaita* (la no-dualidad) es un estado de consciencia en el que sólo existe el Uno. En él experimentáis de forma espontánea a todo ser vivo como vuestro propio Ser. No es un tema de discusión, sino una experiencia.

«Una vez, un hombre pidió dinero prestado a varias personas y compró una isla en la que se construyó un palacio. A todos los visitantes sólo les hablaba de su palacio, sintiéndose importante. Un día vino un *sannyasi* a pedirle *bhiksha* (comida de caridad). Nuestro hombre rico tuvo la sensación de que el *sannyasi* no le mostraba el respeto suficiente y se sintió ofendido. Dijo al *sannyasi*: '¿Sabes quién es el propietario de esta isla, este palacio y todo lo que ves en él? Me pertenece a mí. Yo soy el amo de todo. ¡Nadie deja de mostrarme respeto!'

«El *sannyasi* le escuchó pacientemente, y luego preguntó: '¿Todo lo que hay aquí te pertenece?'

«Sí», respondió.

«¿De verdad?»

«Sí, de verdad».

«El *sannyasi* dijo: '¿De quién era el dinero que te sirvió para comprarlo? Pregunta a tu conciencia'.

«El hombre rico se quedó completamente turbado. Comprendió su error, y que en realidad nada le pertenecía. Cayó a los pies del *sadhu*.

«Los 'conocimientos' que hoy poseemos no lo hemos obtenido con la ayuda del *sadhana*. Nos hemos limitado a leer lo que otros han escrito, y henos ahí, tranquilamente sentados, manifestando: 'Soy Brahman', sin mostrar compasión ni humildad, o incapaces de perdonar a los demás. Esa clase de personas ni siquiera tienen derecho a pronunciar la palabra 'Brahman'.

«Si lo adiestráis, también un periquito repite: 'Brahman, Brahman'. Pero en cuanto pase por allí un gato, el periquito chillará de miedo y chillando morirá. En vez de sólo repetir la palabra 'Brahman', necesitamos asimilar este principio, fijarlo en nuestra mente por medio de una constante contemplación. Este principio es el símbolo de la compasión y del infinito. Sólo nos lo revelará la experiencia. Aquellos que llegan a experimentarlo no necesitan repetir 'Yo soy Brahman'. Basta con acercarnos a ellos para sentir esta cualidad de su ser. Su sonrisa nunca se borra, sean cuales sean las circunstancias.

«Brahman está contenido en nosotros como el árbol en la semilla. Pero ¿qué diríamos de una semilla que proclamara: 'yo soy el árbol'? El árbol está en la semilla, pero primero deberá sembrarse, germinar y finalmente crecer. Una vez convertida en árbol, incluso podréis atarle un elefante. Pero si no protegemos la semilla, es muy posible que un pájaro se la coma. En efecto, el principio supremo está contenido en nosotros, pero nos hace falta llevarlo al plano de la experiencia mediante el estudio y una meditación constante.

«Un día, un joven le pidió a un Maestro que le aceptara como discípulo. El ashram tenía ya un gran número de residentes. El *gurú* le dijo: 'La vida espiritual es muy dura. Es mejor que vuelvas después, cuando tengas más años'.

«El joven se mostró tan decepcionado que el *gurú* dijo: 'Está bien. ¿Qué sabes hacer?' El Maestro sugirió distintos trabajos, pero el joven no estaba acostumbrado a ninguno. Finalmente sugirió: '¿Por qué no te haces cargo de los caballos?' 'Como tú desees', respondió el discípulo.

«Le hicieron, pues, responsable de los caballos. El nuevo discípulo realizaba su tarea con gran dedicación. Los caballos se volvieron más fuertes y su salud mejoró.

«Normalmente el *gurú* no daba instrucciones particulares a los discípulos. Cada mañana, les entregaba un versículo para meditar y poner en práctica en su vida. Tal era su método de enseñanza.

«Un día, el Maestro entregó los versículos antes de lo acostumbrado. Se preparaba para salir de viaje en uno de los caballos cuando el joven discípulo, que hasta ese momento estaba concentrado en su trabajo, acudió a él para recibir su versículo, diciendo: 'Maestro, ¿cuál es mi lección para hoy?' El *gurú* respondió con severidad: '¿No ves que me voy de viaje? ¿Es momento para hacerme semejante pregunta?' Montó el caballo a horcajadas y salió al trote. Sin embargo, esto no le hizo perder el ánimo. Se puso a meditar en las palabras del *gurú*: '¿No ves que me voy de viaje? ¿Es éste el momento de hacer semejante pregunta?'

«El Maestro volvió por la tarde y no vio al joven entre los discípulos. Les interrogó y éstos respondieron en son de burla: 'Este bobo está sentado en alguna parte farfullando frases como: '¿no ves que me voy de viaje? ¿Es éste el momento de hacer semejante pregunta?' Y se desternillaban de risa. El *gurú* comprendió lo sucedido. Llamó al joven y le preguntó qué hacía. Él respondió: 'Maestro, meditaba en lo que me dijiste esta mañana'. Los ojos del *gurú* se llenaron de lágrimas. Puso las manos en la cabeza del discípulo y le bendijo. Los demás se fueron disgustados, quejándose: 'Maestro, hace mucho tiempo que estamos aquí y tú nos ignoras. ¿Por qué le das tanto amor a ese tonto?'

«El *gurú* pidió a uno de ellos que fuera a buscar una especie de bebida alcohólica. Tomó la sustancia y la mezcló con agua y les dio a beber un poco a cada uno, diciéndoles que la escupieran inmediatamente. Después les preguntó: '¿Alguno de vosotros se siente alcoholizado?' '¿Pero cómo? Si nos has dicho que la escupiéramos enseguida'.

«Entonces dijo el Maestro: 'Eso mismo es lo que hacéis cuando os entrego los versículos cada mañana. Oís lo que os digo y de inmediato lo olvidáis. Pero este joven que envidiáis es distinto. Acepta lo que le digo sin ponerlo en duda, tan grande es su inocencia. Además, cuando os ocupabais de los caballos, sólo eran piel y huesos porque no los alimentabais correctamente. Tampoco los aseabais y estaban nerviosos y daban coces a quien se les acercara. Desde que él está al cargo, tienen buena salud y han aumentado de peso. Si uno se acerca a ellos, vienen al encuentro moviendo la cabeza en señal de amor. A él no le basta con cuidarlos, los ama. Ha cumplido con su obligación con sinceridad y constancia, realizando cada acción por sí misma. Por encima de todo es capaz de integrar todo lo que le digo sin ponerlo en duda'».

«Hijos míos, debemos ser como este discípulo y no pensar que las palabras del *gurú* carecen de sentido. Debemos estar dispuestos a reflexionar en sus palabras y asimilarlas completamente. El Maestro sólo puede derramar su gracia en un discípulo que se comporta de este modo».

Entre los devotos, una mujer hizo la siguiente pregunta: «Amma, ¿es justo que un devoto casado, si se separa del mundo, abandone a su mujer y a sus hijos?». Su marido, que estaba sentado a su lado, se echó a reír porque conocía la razón de la pregunta, y siguió una risa general.

Amma dijo riéndose: «No te preocupes, hija mía. *Mon* (hijo) no te abandonará para venir aquí. Si lo hace, ¡nosotros te lo devolveremos a toda prisa!» Todo el mundo se echó a reír.

Amma continuó: «Una vez que os casáis, no podéis abandonarlo todo y marcharos. Si habéis conseguido un determinado grado de desapego y si vuestra familia tiene los medios suficientes para subsistir sin vosotros, podéis renunciar a todo. Pero hace falta que el desapego sea real, como el de Buda o el de Ramatirtha. «Es una gran insensatez lanzarse a vivir el *sannyasa* para escapar de las propias responsabilidades. El desapego tiene que alcanzar su madurez. De lo contrario, sería como abrir un huevo antes de tiempo».

Un devoto: «Yo no tengo ninguna gana de ir a mi trabajo. Allí desprecian la verdad y el *dharma* y mis colaboradores me fastidian de todas las formas posibles si no sigo su juego».

Amma: «Hijo mío, no eres el único con ese problema. Muchos de los hijos que vienen aquí se encuentran con las mismas dificultades. En estos tiempos no es fácil realizar honradamente un trabajo. La verdad y el *dharma* ya no se respetan y estamos padeciendo las consecuencias. Los que trabajan en el mundo tienen que superar muchos obstáculos. Si perseveran en la verdad y en la honradez, es posible que sus compañeros les molesten. ¿De qué sirve lamentarse y mostrarse débil? Hijo mío, olvídate de lo que hacen los demás, actúa según tu conciencia y Dios nunca te abandonará. Los que actúan mal para beneficiarse con rapidez ignoran el sufrimiento que les aguarda. Un día, que puede ser hoy mismo, tendrán que sufrir las consecuencias de sus actos».

Amma hizo una breve pausa y después preguntó: «¿Qué hora es, hijos míos?»

Un devoto: «Acaban de dar las once».

Amma: «Debéis ir a dormir, hijos. Amma aún no ha leído las cartas que han llegado esta mañana. Es hora de que suba a su habitación».

Amma se levantó; cuando estaba cerca de la escalera que conduce a su habitación, un devoto llegó corriendo y se postró ante ella.

Amma: «¿Qué ocurre, hijo?»

Devoto: «Mañana salgo de viaje muy temprano y no podré verte antes de marchar. Por eso te molesto ahora».

Amma (riéndose): «¿Cómo podrías molestar a Amma?»

Devoto: «No he tenido oportunidad de hablarte del motivo de mi visita, Amma. La boda de mi hija será la semana próxima. Todo se ha desarrollado como tú lo habías anunciado. No he tenido que dar un solo céntimo para la dote. El novio trabaja en el Golfo Pérsico y la llevará a vivir allí. Su familia vive con desahogo».

Hacía siete años que este hombre intentaba organizar la boda de su hija. El planeta Marte en su horóscopo ejercía una influencia poco favorable. Habían considerado numerosas propuestas, pero casi nunca armonizaban los horóscopos. Si estaban en armonía, la propuesta fracasaba. Durante mucho tiempo esto llegó a preocupar al padre. Cuando oyó hablar de Amma, llevó a su hija a verla. Amma le dio un *mantra* diciendo: «Deja de preocuparte por este problema. Hija mía, repite este *mantra* con devoción y todo irá bien». Tres semanas más tarde, llegó una propuesta de matrimonio a través de un pariente lejano. Los horóscopos indicaban una excelente armonía y pronto se fijó la fecha de la boda.

«He traído la alianza del novio, te ruego, Amma, que la bendigas». Le acercó un pequeño paquete que ella puso ante sus ojos antes de devolvérselo.

Amma subió las escaleras. Lilabaï, una devota, la esperaba ante la puerta de su habitación. Estaba triste porque se le había extraviado su *tali* (collar nupcial).

Amma: «Hija, ¿no lo trajiste para entregárselo a Amma? Piensa que Dios se lo ha llevado. ¿Para qué lamentarlo?»

Lila venía de Kottayam. La más pequeña de sus hijas vivía en el ashram. De allí acudía a la escuela. El padre de Lila no aprobaba que su nieta viviera en el ashram.

Amma: «¿Cómo está tu padre?»

Lila: «No le gusta que vengamos aquí. Siempre nos riñe por eso».

Amma: «¡Es lógico! ¿A quién le agrada ver que las hijas de la familia emprenden el camino espiritual?»

Lila: «Amma, ¿No eres tú la que causa su disconformidad?»

Amma: «¿De verdad? ¿Quién lo dice?». Amma se reía.

«Por lo general, el que elige el camino de la espiritualidad suele encontrarse con numerosos obstáculos. Cuando los supera y sobrepasa, demuestra la fuerza de su vínculo con Dios. Si tu padre se enfada contigo, es su *samskara*. ¿Para qué preocuparte? Tu *samskara* es venir al ashram.

«Imagina que en el momento en el que te dispones a salir, se desata un fuerte viento y empieza a llover a torrentes. Si te asustas y te quedas en casa, nunca llegarás a tu destino. Cuando a uno le mueve el deseo sincero de realizar a Dios, ignora tales obstáculos y avanza. Si te quedas en casa, demuestras que tu sed por Dios no es muy intensa. Esfuérzate por llegar a tu meta venciendo las dificultades que te salen al paso. Ése es el verdadero valor. Los demás expresarán su opinión, que corresponde a su visión del mundo. No hay ninguna razón para preocuparse. Concédeles sólo la importancia que se merecen y no se lo tomes a mal».

Amma entró en su habitación.

La luz de la luna entraba furtivamente a través de las cortinas. Amma se puso a escribir a sus hijos del mundo entero, muchos de los cuales dormían profundamente a esa hora. Ella, con sus dulces palabras, secaba sus lágrimas. Al ver que la *brahmacharini* a quien dictaba las cartas se había quedado dormida sobre las hojas de papel, Amma tomó la pluma y empezó a aplicar la calmante pasta de sándalo de sus palabras de consuelo a las mentes inquietas de sus hijos. Tal vez, también ella entrara en sus sueños, haciendo que sus resecos labios se iluminaran con una sonrisa.

Capítulo 2

La devoción

Amma y los *brahmacharis* se hallaban en la sala de meditación. Con ellos estaban también algunos devotos, padres de familia, como Padmanabhan y Divakaran.

Padmanabhan, que ocupaba un puesto importante en un banco de Kozhikode, mencionó la reciente visita al ashram de un médico homeópata y su familia.

Amma: «Amma recuerda su visita. Él se considera un profundo creyente del *Advaita*; pero la devoción de su mujer es inmensa. Tal vez él aceptó venir al *darshan* porque ella se lo pidió. Al entrar, asumió aires de grandeza y declaró: 'Ni Rama ni Krishna existen'. Amma le respondió: 'Todos los buscadores llegan a la misma conclusión. Pero para efectuar nuestro *sadhana*, necesitamos un *upadhi* (instrumento o accesorio). ¿Cómo puedes afirmar que Krishna o Rama no existen? Aunque no veas Ochira en un mapa de la India, ¿puedes decir que este lugar no existe? Nuestro sentido del *advaita* se reduce a palabras. Es imposible llegar a este nivel de conciencia sin devoción'. Él, después de oír esto, se quedó callado».

Amma tomó una pluma y escribió sobre su propio antebrazo izquierdo: «Namah Shivaya». Pareció entrar en éxtasis al escribirlo. Al mirar intensamente el *mantra* escrito en su brazo, dijo a Padmanabhan: «En otros tiempos, Amma solía abrazar la almohada contra su corazón cuando se iba a acostar. La cubría de besos, incapaz de ver en ella una almohada. Tenía el sentimiento de que era Devi. Se quedaba allí, tendida, con los labios sobre la pared, imaginando que besaba a la Madre divina. También escribía 'Namah Shivaya' en la almohada y en la colchoneta, y besaba el nombre divino. Al final, se quedaba dormida después de casi perder el conocimiento de tanto llamar a Devi llorando».

Amma guardó silencio, inmóvil. Sus ojos se cerraron poco a poco. En su rostro eran visibles las oleadas de gozo que la invadían. Todos meditaban con los ojos puestos en Amma. Un *brahmachari* cantó:

Mauna ghanamritam santiniketan

Morada de silencio infinito,
Paz eterna y belleza
donde se disuelve la mente de Gautama Buda,
Luz que destruye la esclavitud,
Ribera de gozo que está más allá del pensamiento.

Conocimiento que otorga armonía eterna,
Morada sin principio ni fin,
Dicha que sólo se conoce cuando la mente está en paz,
Fuente de omnipotencia,
Morada de la consciencia infinita.

«Tú eres Eso»: objetivo que esta palabra indica,
y que nos da la dicha eterna de la no-dualidad,
Es lo que anhelo alcanzar,
Y tu gracia es el único medio para ello.

El canto terminó, y poco después, Amma abrió los ojos.

La naturaleza del gurú

Divakaran: «Tengo un amigo que vivió durante algún tiempo cerca de un swami del que había recibido un *mantra*. Un día, el swami le reprendió y mi amigo se marchó ese mismo día».

Amma: «Hijo mío, en la vida espiritual, si aceptas a alguien como *gurú*, tu fe y tu entrega a él deben ser completas. El Maestro puede mostrar severidad en algún momento, pero es por el bien de sus discípulos, que no deberían nunca criticarle por una actitud con la que él no se identifica. Una madre que riñe a su hijo para impedir que ponga la mano en el fuego, no lo hace por desprecio a su hijo, sino para salvarle del peligro. Tu amigo debió comprender que el *gurú* le reñía por su bien».

Divakaran: «Manifestó que se había ido porque no podía emular muchas de las cosas que hacía el Maestro».

Amma: «El discípulo no debe hacer todo lo que hace el *gurú*. Eso le impediría avanzar. Nadie puede emular a un Maestro. Es preciso que usemos nuestro criterio para elegir, entre las acciones del *gurú*, aquellas que le resulten más apropiadas, sin pensar nunca: 'Si mi *gurú* lo hace, ¿por qué no he de hacerlo yo?' Nada esclaviza a los *Mahatmas*, que han alcanzado el estado de perfección. Son como árboles inmensos a los que se puede atar un elefante. No hace falta protegerlos rodeándolos con una valla. Pero nosotros tan sólo somos como plantas pequeñas y necesitamos una barrera que nos proteja de las vacas y de las cabras. Las acciones de los Mahatmas no son comparables a las nuestras y no debemos intentar imitarlas todas.

«Los actos de un ser humano normal surgen de la creencia 'yo soy este cuerpo'. Pero un ser realizado sabe que es consciencia pura. Muchas de sus acciones son incomprensibles para los seres ordinarios.

«Había una vez un *Mahatma* que cada mañana ponía a hervir aceite que de inmediato vertía en todo el cuerpo. Después se daba un baño. Al ver esto, uno de sus discípulos pensó que esta costumbre era sin duda la fuente de todos los poderes del gurú. A la mañana siguiente, se roció con aceite hirviendo. ¡Os podéis imaginar el resultado! *(todos se echaron a reír)*. Si copiamos todo lo que hace el Maestro, podría ocurrirnos lo mismo. Por lo tanto, es necesario elegir sólo aquello que nos ayude a avanzar».

El sadhana es indispensable

Divakaran: «He visitado otros ashrams y en ninguno de ellos he encontrado que empleen el tiempo como se hace aquí. Aquí, veo que se da mucha importancia a la meditación y al karma yoga. En muchos lugares se le da máxima prioridad al estudio de las Escrituras».

Amma: «Mientras las cosas del mundo nos perturben, tenemos necesidad de practicar con regularidad *japa* y meditación para trascenderlos. Esto exige desde el principio un gran esfuerzo por nuestra parte, pero con el tiempo se vuelve natural. Sólo el *sadhana* nos hace avanzar, sin él no tenemos nada. ¿De qué sirve estudiar y hacer discursos? ¿Qué diferencia hay entre un orador y una grabadora? Sólo declama lo que ha aprendido, nada más. ¿Podemos calmar el hambre leyendo libros de cocina? Es necesario preparar los alimentos y comerlos. La austeridad (*Tapas*) es indispensable porque fortalece en nosotros las buenas tendencias y cualidades. La pureza y la concentración mental son esenciales. Amma no dice que el estudio de las Escrituras sea inútil, pero debe ir a la par del *sadhana*, cuya importancia es primordial y que debe realizarse sin falta. El *sadhana* debe llegar a ser parte de nuestra naturaleza, como el aseo diario y el hábito de cepillarse los dientes.

«Cuando hayamos concluido nuestra formación en el ashram y salgamos al mundo con la ropa proporcionada por el ashram, miles de personas nos mostrarán amor y respeto. No obstante, Amma manifiesta a sus hijos que aquellos que les injurian, son sus mejores *gurús*. Sólo un tratamiento poco agradable nos inducirá a examinarnos a fondo, lo cual no ocurre si sólo nos rodeamos de personas que nos aman. Si una actitud hostil nos sale al encuentro, preguntémonos: ¿cuál es el origen de esa hostilidad hacia mí? ¿Qué fallos he cometido para merecer semejante tratamiento?' Cualquier acusación lanzada contra nosotros también nos hará crecer espiritualmente».

Padmanabhan: «Amma, ¿qué es mejor, luchar primero por liberarnos, o trabajar a favor de los demás?»

Amma: «Antes de poder pensar sólo en el bien de los demás, es necesario haber hecho desaparecer completamente nuestro egoísmo. Tratemos primero de alcanzar este nivel de conciencia. Las oraciones y acciones que realizamos con este fin constituyen el camino de nuestra liberación. Es necesario un total olvido de nosotros mismos para pensar sólo en el bien de los demás. Cuando consagramos nuestra vida exclusivamente a los demás, nuestra mente se purifica».

Un *brahmachari* que escuchaba la conversación hizo una pregunta respecto al poder del Maestro. Amma respondió: «Existen diferentes clases de *gurús*. Los *satgurus*, por su simple *sankalpa* (resolución), pueden otorgar la liberación. Su aliento mismo beneficia la naturaleza».

Br.: «Se dice que el Maestro protege a los discípulos de todo peligro. Pero si un discípulo se encuentra en peligro cuando el *gurú* está en *samadhi*, ¿cómo puede saberlo? ¿Cómo le protegerá?»

Amma: «De hecho, nadie está separado del Ser. ¿No estamos todos contenidos en Él? El río tiene dos riberas, pero un solo cauce. Cuando el *gurú* está en *samadhi*, está unido al Ser y estará enterado de la situación».

La grandeza de la devoción

Padmanabhan: «Amma, hay muchas personas que no admiten la grandeza de la devoción. Un gran número de devotos va diariamente al templo para orar, pero no parecen llevar una vida muy espiritual».

Amma: «Algunos creen que la devoción consiste en visitar muchos templos para adorar cientos de divinidades distintas. Una devoción semejante sólo es una fe ciega que no se basa en los principios espirituales. Los testigos de este comportamiento consideran que la devoción se reduce a eso y critican todo lo relacionado con ella. Las personas espirituales nunca se opondrán a la *tattvattile bhakti* (devoción basada en el conocimiento espiritual).

«Lo esencial es comprender que el objetivo de la vida es realizar a Dios y adorarle, manteniendo este objetivo siempre presente en el espíritu. La *Tattvattile bhakti* consiste en reconocer que un solo y mismo Dios se manifiesta a través de todos los seres vivos y de todas las divinidades, los nombres y las formas. Es un abandono desinteresado de nosotros mismos en Dios. Ésa es la clase de devoción que necesitamos.

«Sin devoción, es difícil acceder a *jnana* (la sabiduría espiritual). Resulta imposible construir algo si sólo tenemos grava. Hace falta añadir cemento para fabricar concreto. Sin el aglutinante del amor, no podemos construir los peldaños que conducen a Dios.

«Existe una gran variedad de alimentos, pero el que padece indigestión u otra enfermedad no puede comer de todo. Pero el *kanji* (papilla de arroz hecha con cereal triturado) es agradable para todos los estómagos. Del mismo modo, el camino de la devoción sienta bien a todos.

«Mientras persista el sentido del 'mío', necesitamos un centro (*upadhi*) en el cual fijar nuestra mente y eliminar el ego. La devoción es nuestro amor por ese centro; es el deseo ardiente de realizar a Dios. Es comparable a la tintura aséptica que se emplea para limpiar una herida: la devoción purifica la mente.

«Para poder sembrar la semilla del conocimiento en el campo de la mente, hemos de regarla con el agua de la devoción. Entonces podremos cosechar la liberación. El que ha experimentado *prema bhakti* (la devoción que es amor supremo), aunque sólo haya sido un segundo, jamás se apartará de ella. Pero esta devoción no nace en todos los devotos. No todos los que juegan en una lotería ganan el primer premio; sólo uno en un millón lo consigue. De igual manera, sólo un devoto entre un millón accede a *prema bhakti*».

En pleno elogio de la grandeza de la devoción, Amma se quedó en silencio. Su mente abandonó el mundo externo para elevarse hasta un plano de conciencia superior. Sentada, con los ojos entrecerrados, su forma inmóvil evocaba en todos a la Madre divina, más allá de todo atributo que, en su aparente inactividad, realiza todas las cosas. La dualidad que se abraza por devoción es mucho más hermosa que la no-dualidad.

Poco después, Amma abrió los ojos. Pero no le apetecía hablar. Su rostro expresaba que estaba en otro mundo. ¿Era ésta la misma Amma que momentos antes había sido tan elocuente?

Al cabo de unos minutos, ella se acercó a un niño y le dio dos caramelos de un paquete que le había regalado un devoto. Besó al pequeño en la frente diciendo: «Este caramelo te da placer ahora, pero te estropeará los dientes. Si conoces a Dios, el placer es eterno, ¡y no perjudica tus dientes!»

Amma salió de la sala de meditación para ir a la cabaña de *darshan*. Los devotos que allí la esperaban se acercaron y se postraron uno a uno. Una mujer abrazó fuertemente a Amma y se puso a llorar. Llevaba varios años casada pero no había tenido hijos. Ésa era la causa de su dolor.

Amma: «Hija mía, lloras porque no has tenido hijos. ¡Pero los que los tienen, lloran por su comportamiento!»

Amma le levantó el rostro y secó sus lágrimas, diciendo: «No te preocupes, hija mía. Ruega a Dios. Amma va a hacer un *sankalpa* por ti».

La esperanza iluminó el rostro de la devota.

Las instrucciones de Amma

Amma le pidió a un pequeño que cantara un *kirtan*. La tierna melodía surgió suavemente de los labios del niño, en el que no había rastro de timidez u orgullo. Amma marcaba el ritmo con las palmas de sus manos y se unió al coro de los demás. Algunos devotos meditaban.

Devi Devi Devi Jaganmohini

Oh Diosa que encantas al mundo
Oh Chandika, que matas a los demonios Chanda y
Munda,
Oh Chamundesvari, Madre divina,
Muéstranos el camino recto
para cruzar el océano de la transmigración.

Terminado el canto, Amma rompió el silencio. «Tendríais que escuchar a Sugunacchan (el padre de Amma) cuando hace su *japa*. Es muy interesante. Repite: 'Narayana, Narayana…' con mucha rapidez y sin detenerse a respirar». (Amma, al imitarle, hizo reír a todo el mundo). «La mente no divaga si lo hacéis de esta manera. Nadie le enseñó, él lo descubrió por sí solo».

Amma subió a su habitación pero poco después bajó al patio y empezó a pasear. Después entró en la oficina del ashram y se sentó, rodeada de tres o cuatro *brahmacharis*.

La oficina era un espacio reducido. Amma tomó algunos sobres que había en la mesa, listos para ser enviados por correo.

Amma: «Hijo, ¿quién ha escrito estas direcciones? ¿Es posible que alguien escriba tan mal? ¡Mirad qué descuido! Es necesario escribir correctamente las direcciones, aunque cueste más tiempo, ¿no lo creéis? O tal vez sea mejor designar a alguien que tenga mejor letra. ¿Quién va a descifrar las direcciones si no están escritas con claridad? Hay que rehacerlas. Un *sadhak* debe realizar cada una de sus acciones con *shraddha*».

Amma se disponía a entregar los sobres a un *brahmachari* cuando reparó en los sellos.

Amma: «¿En qué pensáis cuando trabajáis, hijos míos? ¡Estos sellos están pegados al revés! Eso es negligencia pura. Las acciones de una persona indican claramente la intensidad de su *lakshya bodha* (su deseo de alcanzar el objetivo).

«Habéis venido aquí para realizar a Dios. Sin paciencia ni vigilancia, no lo conseguiréis. ¿Cómo os concentráis durante la meditación si no demostráis *shraddha* en las pequeñas cosas, en el plano material? La meditación es muy sutil. Es la atención y la paciencia que demostramos en las pequeñas acciones lo que nos permite realizar las grandes cosas.

«Escuchad esta historia: había una vez un *Mahatma* que pidió a su mujer que pusiera siempre un vaso de agua y una aguja junto a él cuando se sentara en el suelo para comer. Su mujer lo hacía sin falta, sin preguntar la razón. Cuando el marido era ya muy anciano y la muerte se acercaba, interrogó a su mujer: '¿Deseas hacerme alguna pregunta?' Ella respondió: 'No, no necesito nada; sin embargo, hay algo que me gustaría saber. Durante todos estos años he hecho lo que me pediste y he puesto un vaso de agua y una aguja junto a ti mientras comías. Pero nunca he comprendido para qué'. El *Mahatma* le explicó: 'Si un grano de arroz hubiera caído al suelo mientras me servías, o mientras yo comía, hubiera deseado recogerlo con la aguja y limpiarlo sumergiéndolo en el agua antes de comerlo. Pero debido a tu vigilancia, ni un solo grano de arroz ha caído al suelo en todos estos años. Por lo tanto no he tenido que hacer uso de la aguja ni del agua'.

«Durante toda su vida tuvieron cuidado de no desperdiciar ni tan siquiera un grano de arroz. Sólo los que son capaces de semejante *shraddha* se convierten en *Mahatmas*».

Br.: «Haremos de nuevo los sobres para estas cartas antes de llevarlas al correo, Amma».

Amma: «¡Esto significaría que derrocharíamos esos sobres, hijo! ¿Podemos permitirnos tirar así el dinero? No echéis a perder más sellos. Bastará con escribir correctamente cada dirección en un trozo de papel y después pegarlo en el mismo sobre. Y a partir de ahora, poned más atención, eso es todo».

Amma entró en la biblioteca, situada junto a la oficina, y se sentó en el suelo, sin dar tiempo a que los *brahmacharis* colocaran de antemano una colchoneta. Tomó un libro de imágenes que contaba los juegos de Krishna niño y se puso a examinar con detalle cada ilustración. Una de ellas mostraba a Krishna sosteniendo la montaña Govardhana con el dedo meñique. Llovía a torrentes y todas las vacas y pastores se guarecían bajo la montaña.

«Al ver la imagen, un *brahmachari* le preguntó: «Amma, ¿manifestaba Sri Krishna un *siddhi* al levantar la montaña Govardhana?»

Amma: «Sri Krishna no levantó la montaña para convencer a los demás de su poder o para ganarse su respeto. Las circunstancias así lo exigían. Llovía a raudales y no había otro medio de proteger a sus compañeros. Por lo tanto, hizo lo que debía».

Amma hizo una breve pausa, y después continuó: «El objetivo de un *Mahatma* es guiar a la gente en el camino del *dharma*. El *darshan* de un *Mahatma* transforma el corazón de muchos malvados».

Al oír la campana del comedor, Amma dijo: «Id a comer, hijos. Amma tiene cosas que hacer». Después se dirigió a su habitación.

Manasa puja (adoración mental)

Un *brahmachari* esperaba a Amma en su habitación. Le leyó un artículo que había escrito para *Matruvani*, la revista del ashram.

Amma: «¿Cómo va tu meditación, hijo?»

Br.: «No logro concentrarme, Amma».

Amma: «Intenta hacer *manasa puja*, hijo. La mente es como un gato. Tenemos que ocuparnos de ella con mucho afecto; un momento de descuido y meterá la cabeza en la cazuela para robar la comida. *Manasa puja* es un método que te ayuda a fijar la mente caprichosa en Dios. Realiza esta adoración invocando: '¡Amma! ¡Amma!' con amor, devoción y un deseo intenso. Imagina que tomas de la mano a la Madre divina y derramas agua sobre ella para darle un baño. Mira cómo corre el agua por todas las partes de su cuerpo. Continúa llamándola y visualiza su forma. Imagina que haces *abhisheka* utilizando sucesivamente leche, miel, mantequilla, ghi (mantequilla líquida), pasta de sándalo y agua de rosas. Mira cómo estas substancias corren por todo su cuerpo, de la cabeza a los pies, visualiza cada parte de su forma. Háblale y reza. Después de haberle dado este baño, seca su cuerpo envolviéndola en una toalla, vístela con un sari de seda y adórnala de joyas. Aplica en su frente un punto bermellón».

Amma interrumpió la descripción y permaneció largo rato meditando.

Luego abrió los ojos y continuó: «Ponle ajorcas en sus tobillos y una guirnalda en el cuello y admira su belleza. Después, haz el *archana* con flores. Toma la flor, que representa tu mente, e imagina que pones a sus pies la ofrenda de cada uno de sus pétalos. Luego imagina que lanzas tus *vasanas* al fuego del sacrificio que arde delante de ella. Después del *archana*, ofrécele el *payasam* de tu amor. En tu imaginación, realiza el *arati* para ella y ve cómo cada parte de su cuerpo resplandece a la luz de la llama. Finalmente, imagina que haces *pradakshinam* alrededor de Devi. No dejes de rezar durante toda la *puja*.

«Hijo mío, trata de hacerlo todo con *prema*. Entonces tu mente cesará de vagar».

Las palabras de Amma infundieron al *brahmachari* una energía nueva en el camino de su *sadhana*. Salió de la habitación de Amma con un sentimiento de gran plenitud. Acababa de ver algunos de los numerosos rostros de Amma: el *gurú* omnisciente que muestra el camino a sus discípulos; la Madre amorosa, siempre preocupada por el bienestar de sus hijos, y la sin igual administradora que lleva los asuntos del ashram con gran habilidad.

Viernes 5 de julio de 1985

Hacia las seis de la tarde, un profesor llegó de Kozhencheri, acompañado de un amigo, para ver a Amma. Después de lavarse las manos y los pies, fueron a postrarse en el *kalari*. Los instrumentos de música estaban ya colocados para los *bhajans*. Uno de los visitantes se dirigió al *brahmachari* que afinaba las tablas: «Hemos salido temprano de casa, pero llegamos tarde porque no conocíamos bien el camino. Nos gustaría ver a Amma y volver esta misma noche».

Br.: «Amma acaba de retirarse a su habitación. Se quedó hasta hace muy poco, conversando con los devotos. Tal vez podáis verla cuando baje de nuevo para los *bhajans*».

En los rostros de los visitantes se leía la desilusión: habían perdido el *darshan* por cuestión de minutos.

Br.: «Es difícil que podáis volver esta misma noche porque no hay autobús a esa hora tan tardía. ¿Por qué no os quedáis para ver a Amma y os vais por la mañana?»

El profesor: «He prometido a mi familia que volvería esta noche y no quiero preocuparles. Si tan sólo pudiésemos ver a Amma un momento… Estoy seguro que con su bendición, no tendremos problemas para volver».

Br.: «¿Cómo habéis sabido de Amma?»

Profesor: «Por el padre de uno de mis estudiantes. Al hablarme de Amma, se le arrasaban los ojos de lágrimas. Me contó que su mujer había estado postrada en cama durante cuatro años. Ni siquiera podía levantarse sola. Habían probado muchos tratamientos, pero en vano. El año pasado conocieron a Amma, y después de recibir su bendición, la mujer sanó por completo. También me dijo que habían venido a ver a Amma la semana pasada».

El *brahmachari* extendió una colchoneta para los visitantes y manifestó: «Os podéis sentar aquí. Si realmente tenéis que volver esta misma noche, id a postraros ante Amma en cuanto llegue para los *bhajans* y os marcháis enseguida».

Profesor: «Hace poco vino a verme mi suegro. Acude con frecuencia a *satsangs*. Cuando le hablé de Amma, me preguntó si ella era un ser realizado. ¿Qué debo contestarle?»

Br.: «El otro día oí que alguien le hacía esa misma pregunta a Amma. Ella dijo: '¡Oh, Amma es sólo una loca que no sabe nada!' Pero el hombre no se quedó satisfecho con esta respuesta e insistió. Amma finalmente le contestó: '¡No le preguntes a una madre de diez hijos si alguna vez ha dado a luz!'»

Era la hora de los *bhajans*. Los *brahmacharis* estaban dispuestos. Amma llegó; el profesor y su amigo fueron a postrarse ante ella. Amma les puso la mano en el hombro diciendo: «¿Acabáis de llegar, hijos míos? Amma se quedó casi hasta las seis de la mañana y subió a su habitación para descansar un poco».

El profesor: «Acababas de marcharte cuando llegamos. Somos muy afortunados al poder estar contigo ahora. Prometimos volver esta noche. De no ser así, con gusto nos quedaríamos hasta mañana».

Amma: «¿Queréis preguntarme algo, hijos míos?»

Les condujo hasta la terraza frente a la sala de meditación. Allí se sentaron, mientras que en el *kalari* empezaban los *bhajans*.

Los principios de la vida espiritual

El profesor: «No tengo problemas económicos, Amma, pero me preocupan mucho mis hijos. Mi alma no está en paz».

Amma: «Hijo mío, cuando tu mente esté inquieta, repite tu *mantra*. Si buscas consuelo en cualquier otra cosa, todo se viene abajo. Si una cosa no te da paz, la buscarás en otra, luego en otra, sin conseguirlo, porque no es así como la encontrarás. Nada te proporciona paz. Pero si te acuerdas de Dios y repites tu *mantra*, te calmarás enseguida y te sentirás en paz. Tu mente podrá enfrentarse a cualquier situación».

El profesor: «Amma, a veces pienso en convertirme en *sannyasin*».

Amma: «Es una decisión que necesitas madurar en la reflexión. No se trata de abrazar el estado de *sannyasa* para escapar del sufrimiento que se nos presenta. La renuncia debe venir de la comprensión de los ideales espirituales. La vida espiritual exige mucha paciencia, de lo contrario termina en decepción. Requiere de la misma disciplina y las mismas limitaciones que la vida en prisión. Esta prisión se convertirá pronto en el camino que conduce a la libertad. Un *sadhak* que no desvía jamás su mirada de Dios alcanzará su objetivo.

«Muchas personas preguntan a los hijos que están aquí: '¿Por qué vives en el ashram? Podríais encontrar trabajo y llevar una vida agradable'. Ellos responden: 'Hemos vivido en el mundo con holgura económica y todas las comodidades posibles, pero no encontrábamos la paz interior. Aquí, sin comodidades, encontramos la paz y la tranquilidad. Nos esforzamos por mantener siempre esta paz practicando *japa* y meditación. La experiencia nos ha demostrado que sólo el recuerdo de Dios proporciona la verdadera paz. Nuestro deseo de quedarnos en el ashram proviene de esta experiencia'.

El profesor: «Aunque sea nuestra primera visita, hemos hablado con personas que suelen venir aquí con frecuencia. Cada una de ellas tiene una visión diferente de ti, Amma. Algunos te contemplan como Devi, otros como Krishna, e incluso otros te consideran su gurú. Para unos, eres la Madre, encarnación del amor y el afecto. Para otros, eres una mujer ordinaria. ¿Quién eres realmente, Amma? Nos gustaría saberlo».

Amma: «Hijos míos, cada uno ve desde su *sankalpa*. La misma mujer es la esposa de su marido, la madre de su hijo y la hermana de su hermano. Un hombre es percibido de distinta manera por su mujer, su madre y su hija, ¿no es así? La diferencia está en la idea de cada uno, el *sankalpa*. Toma una flor bella. La abeja extrae su néctar, el poeta le compone un poema, el artista se inspira en ella para pintar un cuadro. Para el gusano, es alimento. El científico separa los pétalos, el polen y las semillas para llevar a cabo una investigación, el devoto la ofrece a la divinidad que adora. Cada uno ve la flor según sus capacidades y la educación recibida».

Después de una breve pausa, Amma continuó: «Hijo mío, las etiquetas las ponen los demás. Amma no declara que es un *Mahatma* o que es Dios. Su objetivo es simplemente proteger a la gente del calor agobiante del mundo conduciéndola bajo la sombrilla de Dios. Ella intenta producir un cambio en el espíritu de los que hacen daño a los más débiles y ayudarlos a realizar el bien, a ser útiles para sí mismos y para el mundo. Para Amma, no hay ninguna diferencia entre los que la aman y los que la odian».

El profesor: «Algunos afirman que aquí se desvía a los jóvenes del camino recto».

Amma: «Hijo mío, antes de dar nuestra opinión sobre alguna cosa, ¿no deberíamos informarnos antes, observar y analizar? Sin embargo, muchos tienden a juzgar sin tener el conocimiento ni la propia experiencia. ¿Puede un ser que busca sinceramente la verdad aceptar su opinión?

«Muchas personas han abandonado hábitos muy nocivos y se han transformado completamente después de venir aquí. Los alcohólicos han dejado de beber. ¿Cómo puedes declarar que éste es un lugar malo? ¿Por qué das importancia a las palabras, sin saber nada y sin haberlo observado por ti mismo? Hay personas que están dispuestas a pagar lo que sea por un sari que no vale nada si les dicen que es de importación. No les interesa el que se fabrica en la India, por bello que sea. Alguien escucha la radio y exclama: '¡Qué hermosa canción!' Si un amigo le revela que la que canta es la vecina, el oyente cambia de opinión: '¿Ah sí? Eso lo explica todo. La verdad es que creo que la canción es horrible'. Así es la naturaleza humana. La gente ha perdido la facultad de distinguir entre el bien y el mal, lo bello y lo feo. De antemano deciden lo que van a ver y decir».

El profesor (señalando al hombre que le acompañaba): «Éste es uno de mis mejores amigos. En estos momentos se enfrenta a graves problemas. Su negocio va mal y pierde dinero».

Amma: «Tal vez estés pasando por un período desfavorable, hijo. En la vida siempre hay momentos malos. Pero recuerda siempre que Dios puede ayudarte, reducir tus problemas y aliviar tus pesares en gran medida».

El profesor: «Él no cree en los templos y esas cosas».

El amigo: «Amma, Dios está en todas partes ¿no es así? No se limita a los cuatro muros de un templo».

Amma: «No lo veas de ese modo, hijo. El viento sopla en todas partes y, sin embargo, utilizamos ventiladores ¿no es así? ¿No es verdad que la sombra de un árbol proporciona un bienestar especial? El ambiente no es el mismo en todas partes. Al entrar en un templo, no experimentáis la misma sensación que si entráis en una oficina. ¿No reina en el recinto de un templo una paz especial, un frescor característico? El recuerdo constante de Dios crea esta clase de atmósfera. No creas que ir al templo es una pérdida de tiempo. Los niños que están en primer grado usan semillas o canicas para aprender a contar. Cuando saben hacerlo, ya no las necesitan. Es fácil aprender a nadar con un flotador. Una vez que se aprende, se prescinde de él.

«Un deportista, ganador de una competición de salto de longitud, puede superar varios metros, pero antes de llegar a este resultado le hacen falta años de entrenamiento. No todo el mundo lo consigue. Algunos *Mahatmas* ven a Dios en todo; puedes contarlos con los dedos de la mano. No necesitan los templos. Pero es necesario pensar en los demás, que sólo pueden acceder a la verdad suprema con ayuda de estos medios».

Amma se levantó diciendo: «Hijos míos, ahora Amma se va a cantar. Esperad hasta el final de los *bhajans* para volver a casa».

Antes de que pudieran responder, Amma se dirigió al *kalari* y se unió a los cantos. La dulzura de la devoción llenaba la atmósfera.

Kannunirillatta kannukalenkilum

Mis ojos están secos,
Pero mi corazón está roto de dolor;
De mi boca no sale ningún sonido,
Pero está llena de tu mantra, ¡Oh Amma!

¡Oh árbol místico que concedes los deseos,
Mi mente se posa constantemente en tus flores,
Pero Maya, el cruel cazador,
está dispuesto a abatirme!

¡Tú, que otorgas bondadosa protección,
Has venido a poner pasta de sándalo
en las heridas de mi alma,
báñame en la fresca claridad de luna de tu amor,
y concédeme así la plenitud!

Terminado el *arati*, una familia se acercó a Amma y se postró. Vivían en Kozhencheri.

Amma: «¿Habéis venido hoy de vuestra casa, hijos míos?»

Devoto: «Hemos venido a visitar a un pariente que vive muy cerca, en Kayamkulam. Entonces pensamos en pasar por el ashram antes de volver».

Amma: «Hace más de un mes que no veníais, ¿no es así?»

Devoto: «Así es. Nos ha sido imposible volver, estando mi padre postrado en cama por el reumatismo».

Amma: «¿Y cómo se encuentra?»

Devoto: «Está mejor; vendrá con nosotros la semana próxima».

Amma: «Amma os dará *prasad* para él. ¿Volvéis esta noche?»

Devoto: «Sí, mi hija tiene que trabajar mañana».

Amma: «¿Y cómo vais a estas horas de la noche?»

Devoto: «Hemos venido en jeep».

Amma: «Ah, están aquí otros dos hijos que vienen de vuestra ciudad. Se disponían a marcharse en autobús pero Amma les ha pedido que esperaran al final de los *bhajans*».

Devoto: «No hay problema. Hay mucho sitio en el jeep puesto que sólo somos tres».

Amma les presentó al profesor y a su amigo. El profesor dijo: «Teníamos pensado irnos después de ver a Amma. Cuando ella nos pidió que nos quedáramos, temimos perder el último autobús. Ahora vemos que si confiamos en ella, todos nuestros problemas se resolverán».

Amma pidió a una *brahmacharini* que trajese *vhibhutis* (cenizas sagradas) y las repartió como *prasad*. Entregó una porción especialmente para el padre del devoto. Después de dar instrucciones a la *brahmacharini* para que se ocupara de que todos cenaran, se dirigió a su habitación.

Lunes, 8 de julio de 1985

Eran las cinco de la tarde: Amma se encontraba en el *kalari*. Un *brahmachari* que había ido a la ciudad a comprar verduras llegó con su carga. Llevaba sobre la cabeza un gran saco de arroz y otro lleno de verduras sobre la espalda, haciendo equilibrio. Era evidente que la carga era demasiado pesada para él. Viendo el esfuerzo que hacía, Amma tomó el saco de arroz y lo puso en el suelo. Le preguntó: «¿Has ido solo, sabiendo que tenías que comprar todo eso? ¿Por qué no te ha acompañado alguien?»

Br.: «No creí que todo eso fuese tan pesado».

Dos *brahmacharis* se llevaron el saco a la cocina.

Amma: «Seguro, ¿cómo ibas a saber lo que pesarían las compras, si nunca has trabajado en tu casa, ni levantado una carga pesada? ¿Cómo has conseguido poner el saco sobre la cabeza?»

Br.: «El barquero me echó una mano».

Amma: «¡Pobre hijo! A partir de ahora, no vuelvas a ir solo al mercado».

Ella le pasó los dedos entre sus cabellos. El «hijo» saboreaba su caricia, olvidando dichoso todo lo demás.

Alegrías y sufrimientos de la vida mundana

Amma volvió a sentarse frente al *kalari*. Una mujer se acercó a ella y se postró. Amma la tomó en sus brazos y la besó. La mujer puso la cabeza en el regazo de Amma, sollozando. No dejaba de repetir: «Si Amma tan sólo hiciera un *sankalpa*, todos mis problemas acabarían».

Amma la consoló dándole suaves palmadas en la espalda. «Hija mía, ¿es suficiente que Amma haga un *sankalpa*? Hace falta que tú estés dispuesta a aceptarlo. Aunque Amma encienda la luz, tú tienes que abrir la puerta para que entre. Si las puertas están herméticamente cerradas, ¿cómo te llegará la luz? Si Amma toma una resolución en beneficio tuyo, hace falta que tú pienses en Dios. Dedica un tiempo todos los días a repetir el nombre de Dios. ¡Perdemos tanto tiempo a diario! ¿Basta decir que Amma debe arreglarlo todo, si tú misma no haces ningún esfuerzo?»

Esta mujer estaba convencida de que todos sus problemas provenían de un maligno hechizo lanzado por sus vecinos y se empeñaba en convencer de ello a Amma, implorándole que castigara a sus enemigos y la protegiera. La mujer se lo había pedido repetidas veces. La voz de Amma se volvió más severa cuando resultó evidente que la mujer no prestaba ninguna atención a lo que ella decía. Las quejas cesaron y la mujer escuchó con temor y respeto.

Amma: «Existen dos clases de alegrías y sufrimientos. Nos entristece no lograr lo que queremos. Pero nos entristece aún más que otros consigan lo que quieren. Nos alegramos cuando nuestros proyectos salen bien, pero nuestra alegría es aún mayor si los demás fracasan. Olvidándonos de todas nuestras penas, nos regocija ver las de los demás. Nuestra hija no se ha casado, pero nos alegramos que la del vecino tampoco. El día de su boda, nos ponemos tristes. Hijos míos, eso es una depravación y un cáncer de la mente, una enfermedad grave que corroe nuestra paz interior.

«Dos vecinos fueron un día a comprar madera para construcción. Uno compró un tronco y el otro, tres. Cuando el primero cortó el tronco vio que estaba hueco. La tristeza de haber perdido su dinero le quitó el apetito. Entonces su mujer vino a decirle que los tres troncos que había comprado el vecino estaban podridos por dentro. Su abatimiento se tornó en alegría. '¿De veras? ¡Tomaré un poco de té!', dijo el hombre, riendo feliz. '¡Lo tiene bien merecido! Se cree muy rico para comprar tres troncos'».

«Hijos míos, debemos ante todo cambiar esta actitud. Mientras la mente se halle en este estado, por mucho *japa* que hagamos, no nos servirá de nada. No obtendremos la gracia de Dios, ni la paz interior. Antes de vaciar leche en un recipiente que haya contenido alimentos ácidos, debemos limpiarlo a fondo, de lo contrario, la leche se agriará. Hijos míos, pidamos a Dios ante todo que nos dé un corazón que se regocije con la felicidad de los demás y se compadezca de su sufrimiento.

«Si el vecino de al lado está loco, tendremos problemas. El ruido que hace durante la noche nos impedirá dormir y tampoco tendremos paz durante el día. Imaginad nuestra tristeza si nuestro hermano volviese borracho todas las noches y empezara una pelea. Eso acabaría con nuestra paz. Si, por el contrario, tiene buen carácter, eso tendrá gratas consecuencias para nosotros. Cuando los demás llevan una vida tranquila y apacible, somos nosotros los que nos beneficiamos de ello. ¡Al menos no nos causan problemas! Deberíamos ser capaces de regocijarnos de su felicidad y experimentar compasión por sus sufrimientos. Esa actitud indica que avanzamos interiormente. Dios habita en un corazón así. Los verdaderos hijos de Dios son los que consideran la alegría y el sufrimiento de los demás como propios».

En esos momentos la mujer lloraba y Amma hizo una pausa para secar sus lágrimas. «No te aflijas, hija mía. Repite con regularidad el *mantra* que Amma te dio. Todo irá bien».

Estas palabras consolaron a la devota, que después de postrarse, se levantó. Se marchó, después de haber descargado sus angustias a los pies de la Madre divina, refugio de los que sufren. Sumergiéndonos en esa corriente ininterrumpida de paz, que se derrama en todos los corazones que sufren, ¿no estamos seguros de ser consolados?

No comprometas la disciplina

Sábado, 20 de julio de 1985

Aún no habían aparecido los primeros destellos del alba por el este. Los *brahmacharis* recitaban el *archana* en la sala de meditación, mientras Amma, con las manos a la espalda, caminaba de un lado a otro frente a la puerta, en la oscuridad. Había cierto aire de gravedad en sus pasos. Dos hombres provistos de linternas eléctricas cruzaban por la ribera del canal, al sur del ashram. Eran pescadores que se disponían a lanzar sus redes.

Fue entonces cuando un *brahmachari* llegó corriendo para participar en el *archana*. Se había quedado dormido. Cuando abría suavemente la puerta de la sala de meditación, Amma le detuvo alargando el brazo y cerrando la puerta de nuevo. Cabizbajo, el *brahmachari* se quedó frente a la entrada.

Pasados unos minutos, Amma dijo: «¿No sabes que el *archana* empieza a las cinco? Si la gente llegara uno a uno, los que están en pleno *archana* perderían la concentración. Ahora tendrás que recitar los Mil Nombres fuera. A partir de mañana, vendrás a la sala de meditación a las cuatro y media. Sin disciplina en tu *sadhana*, no podrás progresar».

El *brahmachari* colocó su *asana* (alfombra para meditar) y se sentó. Los *mantras* resonaban en la sala de meditación. El significado de cada *mantra* se le volvía claro mientras fijaba su mente en los pies sagrados de Amma, que con paso suave pasaba una y otra vez frente a él.

Om nakhadititisamchana namajjana tamogunayai namah…
¡Nos postramos ante Aquella cuyos pies
radiantes eliminan la ignorancia de los devotos
que le rinden homenaje!
¡Nos postramos ante Aquella cuyos pies
son más resplandecientes que las flores de loto!

¡Nos postramos ante Aquella cuyos benditos pies de loto
están adornados de ajorcas de oro en los tobillos,
engarzadas con piedras preciosas, que centellean
dulcemente!

Nos postramos ante Aquella cuyo paso
es tan majestuoso y suave como el de un cisne!

Al salir de la sala después del *archana*, los brahmacharis se vieron agradablemente sorprendidos al ver a Amma. Todos se acercaron a postrarse ante ella.

Amma puso sus manos en la cabeza del hijo rezagado y lo bendijo.

Amma: «Hijo mío, ¿te ha apenado que Amma te impidiera unirte al *archana*?»

¿Qué sufrimiento puede subsistir cuando el corazón se funde en el amor de Amma, como la piedra *chandrakanta* a la luz de la luna llena?

Amma: «Esto es un *ashram*, hijo. Cuando hacemos el archana en *brahma muhurta* (la hora sagrada que precede al alba), todos los hijos deben participar en él. Nadie debe dormir, lavarse o nada por el estilo. Todo el mundo debe estar listo e instalado cinco minutos antes del comienzo del archana».

Br.: «Casi no salía agua del grifo; por eso, cuando terminé de ducharme, se había hecho tarde».

Amma: «Si tienes un examen o una entrevista para conseguir un empleo, no dirías que te has retrasado porque no había agua o electricidad. Debes hacer tu *sadhana* con la misma actitud. Cuando os reunís tantos de vosotros para hacer el *archana*, la Madre divina está presente, no lo dudéis. No debéis entrar, hablar o dormir en esa hora. Por eso te dijo Amma que hicieras afuera el *archana*, porque ya habían empezado».

Amma subió a su habitación después de acariciar con su amorosa mirada a sus hijos. Volvió a aparecer a las siete, acompañada de una *brahmacharini*, y se dirigió al lado norte del ashram. Recogió todas las palmas de cocotero que había en el suelo en este lugar. Un *brahmachari* las llevó junto a la cocina. No perdió la ocasión para aclarar ciertas dudas.

Br.: «Amma, ¿es posible eliminar por completo la mente?»

Amma: «La mente es una acumulación de pensamientos. Los pensamientos son como las olas del mar. Surgen una tras otra. No puedes pararlas por la fuerza. Pero cuando el mar es profundo, las olas se apaciguan. Intenta, pues, concentrar la mente en un solo pensamiento, en lugar de querer detenerlos por la fuerza. Entonces el mar de la mente ganará en profundidad y estará sereno. Aunque en la superficie se formen pequeñas olas, en el fondo estará en paz».

Amma se hace cargo de la vaca

Amma fue al establo. Un *brahmachari* lavaba a una vaca que acababa de ser adquirida. Se llamaba Shantini, «la que es pacífica», pero su nombre no guardaba ninguna conexión con su comportamiento. Entre los que la habían lavado, ninguno se había librado de recibir al menos un coletazo. Ordeñarla suponía una auténtica batalla: hacían falta tres y atarle las patas. La vaca parecía haber hecho voto de que la leche terminara por el suelo o, al menos, salpicar a los que se esforzaban por ordeñarla.

El *brahmachari*, que conocía bien el carácter de Shantini, utilizaba un cubo para rociarla de agua. Le mojaba el cuerpo dos veces. A eso le llamaba darle un baño. La suciedad y el barro seguían pegadas en el cuerpo del animal. A Amma no le gustó en absoluto esta forma de lavar a la vaca. Tomó el cubo de agua de las manos del *brahmachari*, mientras una *brahmacharini* fue a la cocina a buscar estropajo de fibra de coco para frotarla. Amma le enseñó a su hijo cómo lavar a la vaca, despegando con cuidado el barro adherido al vientre y a las patas del animal, para que quedara limpia.

Todos los que presenciaban la escena se quedaron sorprendidos de la repentina docilidad de Shantini, algo jamás visto hasta entonces. Se quedó tranquila como un niño obediente. Tal vez esperaba una ocasión así...

Mientras la lavaba, Amma dijo: «Hijo mío, cuando laves a una vaca, nunca te sitúes detrás de ella, podría darte una coz. Ésta es un poco rebelde, así que ten cuidado y colócate al lado». Amma le enseñó también cómo atar al animal en el establo.

Al enterarse que Amma estaba lavando a Shantini, dos devotos se acercaron para verlo. Al salir del establo, Amma les dijo: «Estos hijos no están acostumbrados a este tipo de trabajos. Acaban de salir de la universidad, y antes han sido mimados por sus padres. Ni siquiera sabían lavar su propia ropa. Ayer Amma vio a uno de ellos intentando usar *super-blanco*[4] para lavar. ¡Lo que nos hubiésemos reído si Amma no llega a tiempo! Había vaciado toda la botella del producto en medio cubo de agua, ¡y estaba a punto de meter allí toda su ropa! ¡Imaginad en qué estado la habría sacado! (Ella se reía). De una sola vez, acabó con el suministro de todo un mes. Amma le enseñó cómo mezclar un poco del producto en un cubo de agua y sumergir en ella su ropa».

Consejos a los padres de familia

Amma estaba sentada en el suelo frente a la sala de meditación, rodeada de devotos. El Sr. Menon, de Palakkad, inició la conversación.

Menon: «Amma, practico la meditación, pero me siento constantemente atormentado por diversos problemas. He hablado con muchos padres de familia como yo y casi todos ellos tienen las mismas dificultades. Suelo preguntarme con frecuencia para qué sirven el *japa* y la meditación».

---

[4] Super-blanco: producto concentrado de color azul que se utiliza en la India para el último enjuague de prendas blancas, lo que intensifica el color blanco.

Amma: «Hijo mío, no basta con practicar el *japa* y la meditación. Es necesario asimilar los principios fundamentales. Cuando Amma era joven, cortaba ramas del árbol *kampatti*. Tenía que trepar a él y la primera vez que lo hizo, todo su cuerpo sufrió una especie de quemaduras. Su rostro estaba hinchado y no podía ver. Tardó dos o tres días en recuperar la normalidad. Entonces aprendió que primero hacía falta untar el cuerpo con aceite. A partir de entonces nunca dejó de protegerse con aceite cuando tenía que cortar las ramas del árbol *kampatti*. De igual manera, vosotros necesitáis de la capa protectora de vuestro amor a Dios antes de entrar en la vida de familia. Así no conoceréis el sufrimiento.

«Es necesario estar convencido de que Dios es nuestro único y verdadero pariente. Hijos míos, debéis saber que todas las demás relaciones y objetos de este mundo sólo nos proporcionan dolor. Que vuestro vínculo sea sólo con Dios. Esto no significa que tengáis que abandonar a vuestra mujer y a vuestros hijos, o a considerarlos extraños. Cuidad bien de ellos, pero sabed que nuestro único pariente eterno es Dios. Tarde o temprano, todos los demás se irán de nuestro lado. Por lo tanto, que Él sea vuestro refugio. Pensad que las dificultades que encontráis en la vida son por vuestro bien; después, reinará la paz y la felicidad en la familia».

Un devoto: «¿Podemos vivir como los que practican grandes austeridades?»

Amma: «Amma no dice que los padres de familia tengan que entregarse a austeridades severas, pero intentad recitar el nombre divino mientras trabajáis. No os preocupéis por la pureza del cuerpo cuando recitáis el nombre de Dios. Él está en todas partes; siempre está en nuestro corazón, sólo que no lo sabemos. Un diamante brilla por sí solo, pero si cae en el aceite, pierde su destello. Del mismo modo, nuestra ignorancia nos impide reconocer a Dios.

«Por la mañana, cantad el nombre divino, por lo menos durante diez minutos después de haber tomado una ducha. Meditad al menos un momento. Haced lo mismo por la tarde. Cualquiera que sea vuestro dolor, id a la sala de *puja* a confiárselo a vuestro verdadero amigo. Además de vuestro marido o de vuestra esposa, debéis tener un amigo: Dios. Si vuestro marido o vuestra esposa os hace sufrir, confiádselo a Dios, a nadie más. Si vuestro vecino viene a pelear con vosotros, id a la sala de *puja* y os quejáis: '¿Por qué has permitido que me trate así? ¿No estabas tú conmigo?' Abrid vuestro corazón y confiádselo todo a Dios. Entonces se convierte en un *satsang*.

«Si alguien os da una alegría, decídselo también a Dios. Pensar en Dios sólo en las penas y olvidarse de Él en los momentos de felicidad no demuestra verdadera devoción. Debemos ser capaces de ver que Él nos da tanto el gozo como el dolor.

«Si vuestro trabajo os lo permite, consagrad los ratos libres a leer libros espirituales como el Gita y el Ramayana, la biografía de un *Mahatma* o sus enseñanzas, en lugar de ir al cine o pasar el tiempo de cualquier manera. No perdáis jamás la ocasión de participar en un *satsang* y contad a vuestros amigos lo que allí habéis oído: Eso les dará paz también. Observad *brahmacharya* (celibato) al menos dos o tres días a la semana. Es esencial para obtener el beneficio de vuestro *sadhana*. (Riéndose). No sólo tenemos una mujer; los ojos, la nariz, la lengua, las orejas y la piel, son todas nuestras mujeres. Es preciso dominar nuestro apego a ellas; entonces conoceremos la verdadera esencia que mora en nosotros».

Una devota: «Amma, ¿cómo encontrar tiempo para el *satsang* y la lectura cuando hay que asumir las tareas domésticas y ocuparse de los niños?»

Amma: «El que realmente lo desea, encontrará el momento. Incluso los que repiten una y otra vez que carecen de tiempo, se lanzan al hospital para llevar a su hijo enfermo ¿no es verdad? Si el tratamiento dura tres o cuatro meses, no salen del hospital para ir a trabajar. Si la salud de vuestro hijo está en juego, de seguro que os las arregláis para encontrar tiempo, a pesar de vuestra costumbre de decir que os pasáis la vida corriendo. Cuando comprendáis que Dios es vuestro único protector y que no estaréis en paz mientras no os refugiéis en Él, entonces encontraréis tiempo.

«Si no lográis tener un momento libre todos los días para adorar a Dios, intentad ser como las *gopis*. Ellas no tenían un tiempo determinado para orar. Veían a Dios mientras hacían su trabajo. Repetían el nombre divino al batir la leche y moler el grano, al hacer los trabajos del hogar. Los tarros de pimienta, cilantro y otras especies llevaban los nombres del Señor. Si pedían pimienta, pronunciaban Mukunda. Si entregaban cilantro, estaban dando Govinda. El que venía a comprar leche y yogur lo pedía empleando el nombre del Señor. Lo que ellas hacían no era otra cosa que cantar los nombres del Señor, siempre y en todas partes. De este modo, recordaban a Dios sin un esfuerzo especial. Los que no tienen la posibilidad de consagrar un momento específico al *sadhana* pueden pensar en Dios de este manera.

«Solo Dios es real y eterno; mantened esta idea firmemente anclada en vuestro espíritu. Durante vuestro trabajo, repetid vuestro *mantra*. Así no necesitaréis consagrar un momento especial para recordar a Dios, porque vuestro espíritu siempre estará centrado en Él».

Devoto: «¿No basta con meditar en el Ser? ¿Es necesario cantar un *mantra*, etc.?»

Amma: «Los escolares tienen que repetir poemas y tablas de multiplicar para aprenderlas de memoria. Una sola lectura no basta para la mayoría de ellos. De igual manera, no todos consiguen fijar la mente en el principio supremo únicamente con meditación. Necesitan practicar *japa* y cantar *bhajans* en soledad. El que consigue concentrarse únicamente en la meditación, no necesita nada más. Pero cuando cantáis un *mantra* o *kirtans*, vuestra mente se concentra de inmediato y no le distraen tan fácilmente las cosas externas como en otros momentos. Eso está al alcance de todos».

Los devotos llegaban al ashram y se iban congregando en torno a Amma para beber el néctar de sus palabras. Cuando su número aumentó de forma considerable, Amma entró en la cabaña para dar comienzo al *darshan*.

Unos padres llevaron a su hija, una joven que había perdido su equilibrio mental. Al ver su angustia, Amma les permitió quedarse unos días en el ashram. La enferma requería una atención constante porque, de lo contrario, se escapaba; por lo tanto, siempre había alguien cerca que la tomaba de la mano. Amma le dio al padre un trozo de madera de sándalo para hacer una pasta y aplicarla con frecuencia en la frente de su hija.

Después de los *bhajans*, Amma se sentó en el patio, frente al *kalari*, rodeada de devotos y de *brahmacharis*. La enferma salió de su habitación en un intento de huida, su madre y su hermana fueron tras ella. Una *brahmacharini* y otra mujer la sujetaron y la condujeron hasta Amma, que hizo que se sentara junto a ella. La joven no dejaba de hacer preguntas sin sentido. Amma la escuchaba con atención y le respondía de vez en cuando para calmarla. Dio instrucciones de que la llevaran hasta el grifo que había fuera de la sala de meditación. Amma llenó un cubo de agua y lo vertió en la cabeza de la joven. Repitió esta operación varias veces, sujetándola fuertemente de la mano para impedir que huyera. Esto duró cerca de media hora; después hubo un leve cambio en el comportamiento de la paciente. Amma preparó pasta de sándalo y se la puso en la frente. Amma, antes de enviarla a la habitación con su madre, le dio un beso cariñoso en la mejilla.

Después volvió a sentarse delante del *kalari*, llamó a Br. Balu y le pidió que cantara un *kirtan*. El *brahmachari* Sri Kumar[5] se dispuso a tocar el armonio.

Sri chakram ennoru chakram

En el interior de la rueda mística llamada Sri Chakra
Habita la diosa Sri Vidya (conocimiento).
Esta diosa es la naturaleza del movimiento,
el poder que hace girar la rueda del universo.
Unas veces cabalga sobre un león,
otras sobre un cisne (Sarasvati),
y se manifiesta como la Shakti del dios Brahma.

Oh Madre, que guías y controlas la divina Trinidad
(Brahma, Vishnu y Shiva)
¿No es la diosa Katyayani una más de tus formas?
Para consolar sus penas, los devotos rinden homenaje a tus formas.
Oh Madre, los humanos están en las redes de Maya:
¿quién de ellos podría comprender el ínfimo valor del cuerpo?

Oh Madre, tú que cabalgas sobre un tigre,
¿cómo podría un ignorante alabar tu gloriosa majestad?

Martes, 6 de agosto de 1985

Amma salió de su habitación y bajó las escaleras, vestida de blanco inmaculado. Los devotos que la esperaban, unieron sus manos y empezaron a cantar suavemente: «Amma, Amma...» Seguida de

---

[5] Swami Purnamritananda.

sus hijos, se dirigió hacia el *kalari*. Como en el interior el espacio era muy reducido, los que no pudieron entrar se quedaron afuera esperando su turno. La radiante sonrisa de Amma infundía paz. Sus ojos llenos de compasión proporcionaban alivio a los corazones doloridos.

Una joven puso la cabeza en el regazo de Amma y se echó a llorar. Amma le levantó el rostro y secó sus lágrimas con inmenso amor. Después la consoló, diciendo: «¡No llores, hija mía! ¡Amma está aquí para ti! ¡No llores!» Pero la mujer seguía llorando, incapaz de controlar su tristeza. Amma la tomó en sus brazos y la acarició con amor, frotándole suavemente la espalda. La joven venía de una familia rica. Se había enamorado de uno de los amigos de su hermano. Pero como el joven era de otra casta, su familia se opuso a esta relación. Sin embargo, al final venció el amor y se casaron. Alquilaron una casa y el marido pidió un préstamo para empezar un negocio. Pero el negocio quebró, y cuando los acreedores empezaron a presionar, se fue sin decir nada a nadie.

«Amma, me ha abandonado, a mí y a los niños. ¡No tengo nadie a quien recurrir!», repetía una y otra vez, llorando en el hombro de Amma.

Amma trataba de consolarla: «No te preocupes, hija. No le ha ocurrido nada. Volverá».

La joven levantó los ojos y preguntó: «¿Mi marido volverá, Amma?»

Amma: «Sin ninguna duda; deja de preocuparte, hija mía!» Después de una breve pausa, continuó: «Amma te va a dar un *mantra*. Guarda siempre a Devi en tu corazón y repite el *mantra* con regularidad. Tus problemas se resolverán en un mes».

El rostro de la joven se iluminó y en sus ojos brilló la esperanza. Amma cerró los ojos y se quedó un momento meditando. Luego los abrió de nuevo y exclamó: «¡Shiva, Shiva!»

El éxtasis divino de Amma

Los devotos fueron a postrarse uno a uno a los pies de Amma, después se retiraron. El Sr. Bhaskaran Nair, de Thrissur, se acercó. Desde la muerte de su mujer, dedicaba todo su tiempo a actividades espirituales. Venía a menudo al ashram a ver a Amma. La paz que emanaba de su rostro, su humildad y el *mala* que llevaba al cuello hecho con semillas de *tulasi*, era indicio de una naturaleza sáttvica (*sattva* = absoluta bondad). Amma abrió el paquete que el Sr. Nair le acababa de regalar. Contenía una foto de Chaitanya Mahaprabhou (un *Mahatma* que vivió en Bengala) y su biografía. Amma examinó el libro, lo abrió y se lo dio al Sr. Nair diciendo: «Lee un poco, hijo mío, Amma te escucha». Él se sintió muy complacido y empezó a leer:

«Cuando el amor de Dios florece en tu corazón, ya no piensas en otra cosa. La lengua que ha probado el azúcar candi ¿añorará la dulzura de los sucedáneos? El alma bendita que ha desarrollado el amor a Dios se halla siempre embriagado. El amante languidece cada instante por el deseo de unirse a su amada. No le importa saber si ella le ama o no. Cada segundo piensa en ella, sintiéndose triste por la separación.

«Así amaba Mahaprabhou. El torrente de *prema* que brotaba del lago de su corazón se volvía cada vez más poderoso. Este Ganges de amor nunca se secaba, como ocurre con los riachuelos. En un instante reía y al siguiente se ponía a danzar. En vez de dormir, pasaba la noche llorando, tanto que sus ropas quedaban empapadas con sus lágrimas. Suspiraba profundamente y exclamaba: '¡Krishna! ¡Oh, Krishna!' Se volvió incapaz de realizar las tareas cotidianas, lavarse, comer, o rezar sus oraciones vespertinas. No podía hablar de nada, ni siquiera oía nada. No conocía otra cosa que Krishna, su eterno amado».

El Sr. Nair lanzó una mirada a Amma. Ella se había olvidado totalmente de este mundo. Sus ojos se cerraron lentamente. La luz que emanaba de su rostro divino parecía llenar la atmósfera. Las lágrimas rodaban por sus mejillas, quedándose a medio camino. El éxtasis de Amma, inducido por la devoción, se transmitió a los devotos que La rodeaban; todo el mundo La miraba sin moverse, sin pestañear siquiera. Una mujer se echó a llorar, clamando en voz alta: «¡Amma, Amma!» El Sr. Nair dejó de leer para contemplar de lleno el rostro de Amma, unidas sus manos en señal de devoción. Desbordante de devoción, una mujer entonó:

Ayi! giri nandini nandita mohini

¡Oh hija de la montaña, Encantadora,
adorada por todos, adorada por Nandi,
Tú que juegas con el universo,
que habitas en el monte Vindhya,
Oh Diosa, esposa de Shiva,
cuya familia es extensa,
Tú que has hecho tantas maravillas,
a ti la victoria,
Tú que has exterminado al demonio Mahisha,
¡Hermosa amada de Shiva,
Hija de Himavat!

Al cabo de hora y media, Amma volvió a abrir los ojos y reanudó el *darshan* para los devotos.

Después salió y fue a sentarse a la sombra, entre la escuela de Vedanta y la cabaña. Algunos devotos y *brahmacharis* La rodearon. Allí estaba Surendran, que en otro tiempo se dedicara a vender alcohol. Tras conocer a Amma, cambió de actividad y ahora dirigía un almacén general junto a su casa.

El pasado es un cheque cancelado

Surendran: «Amma, he cometido muchos errores en mi vida y me avergüenzo al recordarlo».

Amma: «Hijo mío, ¿para qué preocuparse de los errores pasados? El pasado, pasado está. Al angustiarte, pierdes la energía de la que dispones en el presente. Toma en este momento la firme decisión de no volver a lo mismo. Eso es lo que importa. Después, los actos puros limpiarán tu mente. Tu deseo de ser bueno en pensamientos y acciones y los esfuerzos que hagas en este sentido, demuestran la pureza de tu mente.

«Antes ignorabas que tus acciones eran malas. Ahora que eres consciente de ello, te esfuerzas por cambiar. Eso basta. Si un niño pequeño le arroja a su madre una pelota, ella sonríe. Le toma en brazos y le da un beso. Pero cuando es mayor, si él le arroja un objeto con fuerza, ella no será tan condescendiente. Hemos cometido muchos errores sin saberlo. Dios nos lo perdona. Pero cuando somos conscientes del mal, Él no nos perdonará si volvemos a hacerlo. Eso es lo que debemos evitar, aunque requiera un gran esfuerzo.

«De nada sirve lamentar la vida que hemos llevado hasta hoy. Es como un cheque cancelado, o como las faltas que cometemos escribiendo a lápiz. Pueden borrarse con una goma, mas no indefinidamente. Si intentas borrar demasiadas veces, el papel se rompe. Dios olvida los errores que cometemos por ignorancia. Pero volver a hacer lo mismo sabiendo que está mal, es la mayor transgresión del *dharma* y es preciso evitarla a toda costa».

Un devoto: «Amma, ¿soy digno de rezar a Dios? ¿Mi alma es lo suficientemente pura para ello?»

Amma: «No creas que eres indigno, hijo. No creas que careces de la suficiente pureza para rezar a causa de tus errores pasados, o que rezarás cuando tu mente se haya purificado. Si piensas bañarte en el mar cuando desaparezcan las olas, nunca lo harás. No aprenderás a nadar si te quedas sentado junto a la piscina. Hace falta saltar al agua. ¿Qué ocurrirá si el médico le dice al enfermo que venga a verle cuando se haya curado? Es Dios quien purifica tu mente, por eso nos refugiamos en Él. Sólo Él puede limpiarnos».

Surendran: «Amma, cuando creemos en ti y experimentamos realmente la devoción, ya no podemos hacer nada malo. La gracia que te pedimos es, pues, la fe y la devoción».

Amma: «Hijos míos, os basta con tener fe en Dios. Si vuestra fe en Él es firme, no cometeréis errores y sólo conoceréis la dicha».

Surendran: «¿No eres tú misma Dios, Amma?»

Amma: «A Amma no le gusta declarar eso. Pensad que una flor perfumada florece en una planta. La planta no debe exclamar: '¡Mirad mi flor! ¡Qué bella es! ¡Que maravilloso su perfume! Es el resultado de mi poder'. Esa forma de hablar alimenta el ego. Todo poder pertenece a Dios. No debemos creer nunca que algo nos pertenece. Nada proviene del poder de Amma. Ella ha florecido bajo el efecto del poder divino. Él es el origen de su perfume. Amma nunca declarará que algo así le pertenece».

El origen y el remedio del sufrimiento

Un devoto: «¿Cuál es la causa del sufrimiento?»

Amma: «Es la actitud que consiste en percibir el 'yo' y lo 'mío'.

«Un día, volvíamos de Kozhikode (Calicut) y en el autobús viajaban un padre y su hijo. Iban sentados juntos y jugaban. Después el hombre se quedó dormido, y el niño también se durmió en las rodillas de su padre. Poco después, el niño se resbaló y cayó al suelo. El padre no se dio cuenta enseguida porque no se despertó hasta que el niño se echó a llorar. El padre también empezó a lamentarse: ¡Ay, hijo mío, hijo mío!' Examinó al pequeño para ver si se había hecho daño. Esta consciencia del 'yo' y del 'mío' se transformó en dolor en cuanto se despertó. Sin ella, no existe el sufrimiento.

«Dos niños jugaban con un palo. Un tercero se echó a llorar al verlos, porque él también quería uno. Como armaba mucho alboroto, apareció la madre, le quitó el palo a los otros niños y se lo dio. Jugó un poco con él, después se quedó dormido. El palo se le resbaló de la mano, pero no se dio cuenta. Había llorado para conseguirlo, pero en su sueño perdió la noción del 'yo' y del 'mío'. Eso le tranquilizó y le dejó dormir en paz, olvidándolo todo. Del mismo modo, el Brahman que descansa en Brahman es la felicidad. Si abandonamos la noción del 'yo' y del 'mío', podremos experimentar esta felicidad. Por lo tanto, el sufrimiento deja de existir. Pero necesitamos renunciar al apego al 'yo' y al 'mío' individual».

El devoto: «Amma, ¿es así de fácil para cada uno de nosotros?»

Amma: «¡Inténtalo, hijo. Tal vez no consigamos escalar una montaña, pero al menos podemos tomar de ella un puñado de arena. Si sacamos del mar el agua que cabe en el hueco de la mano, el mar tendrá esa agua de menos. Consideradlo de ese modo. Además, si tu dedicación es completa y tu esfuerzo constante, nada es imposible. Si viertes agua sin parar en un frasco de tinta, el color se va diluyendo hasta que resulta imposible decir lo que antes contenía. Así, el recuerdo constante de Dios ensancha la mente, el sentido de la individualidad se diluye poco a poco hasta que al final desaparece. La mente individual se transforma en la mente universal».

Otro devoto: «Amma, muchos me odian porque tengo dinero. ¿Es malo ser rico?»

Amma: «Hijos míos, no hay nada malo en poseer dinero. Pero el objetivo de la vida no consiste solamente en acumular bienes. Puedes conservar lo que corresponde a tus necesidades, pero sin exceso.

«Había una vez un aldeano que fabricaba paraguas. Cantaba el nombre de Dios mientras trabajaba, y hablaba de temas espirituales con los que venían a verle. Vivía feliz, satisfecho con sus ganancias, y todo el mundo le quería. Ganaba lo suficiente para vivir.

«Un día, un terrateniente le compró un paraguas. Satisfecho por su calidad y precio razonable, se interesó por nuestro aldeano, atraído por sus buenas cualidades. Le regaló una suma de dinero. Nada más recibirlo, el carácter del artesano cambió. '¿Cómo debo proteger este dinero? ¿Estará seguro en la casa? ¿Me lo robarán?' Pensando en el dinero, dejó de hacer su *japa*. Empezó a retrasarse en su trabajo, trazando planes para el futuro: '¿Me construyo una casa o amplío el negocio?' No pensaba en otra cosa y ya no podía concentrarse en su trabajo. Ya no le gustaba hablar con los demás, porque había olvidado cómo hablar con amor. Le molestaba que alguien le hiciera una pregunta, porque interrumpía sus pensamientos. Poco a poco, la gente dejó de visitarle y sus ingresos disminuyeron. Los pensamientos puestos en el dinero destruyeron su paz interior. Al aumentar su avaricia y egoísmo, se volvió inquieto y depresivo. La suma de dinero recibida se esfumó en poco tiempo. Ya no había trabajo. El hombre que había llevado una vida feliz antes de poseer este dinero se había hundido en el tormento.

«Hijos míos, cuando caemos en excesos, es el fin de nuestra paz. Por lo tanto, esforzaos por vivir con sencillez. Eso bastará para que tengáis paz. No necesitamos nada con exceso».

El lenguaje que Amma emplea para aclarar las dudas de sus hijos es sencillo. Ellos nunca se cansan de escuchar estas palabras de ambrosía que transmiten el conocimiento a través de estas historias de la vida diaria, estos ejemplos que contienen gemas de sabiduría. Su oración es aquella que Arjuna dirigía a Krishna: «No he tenido bastante de este néctar. ¡Te lo ruego, sigue hablando, déjame escucharte una y muchas veces más!»

Capítulo 3

Amma estaba sentada frente al Mar de Arabia, en la ribera del canal que pasa junto al ashram. Todos los *brahmacharis* vinieron a sentarse alrededor de ella para meditar. El ambiente era apacible y solemne, induciendo de forma natural a la introspección. Hasta las olas del mar, por el oeste, parecían haberse calmado. Todos intentaban meditar. Amma lanzó sobre ellos una mirada llena de compasión, después empezó a hablar.

Meditación

«Hijos míos, cuando os sentéis para meditar, no creáis que vais a poder calmar la mente de forma inmediata. Antes que nada, relajad todas las partes del cuerpo. Si la ropa os molesta, aflojadla. Que la columna vertebral esté recta. Después, cerrad los ojos y concentraos en la respiración. Normalmente respiramos sin prestarle atención, pero no debería ser así; es necesario tomar consciencia de este proceso. Así la mente estará alerta.

«Si os quedáis sentados un momento, la mente se apacigua. Podéis continuar la meditación concentrándoos siempre en la respiración, o en la forma divina de vuestra preferencia. Si vuestra mente se distrae, hacedla volver al objeto de vuestra meditación. Si no lo conseguís, basta con observar a dónde van los pensamientos. La mente debe mantenerse bajo vuestra vigilancia para que deje de vagar; sólo así podéis controlarla.

«Ahora, empezad a meditar, hijos míos».

La que nos protege de todos los peligros

Los *brahmacharis* quedaron absortos en su meditación. Pero al cabo de un breve tiempo, Amma salió bruscamente de su estado meditativo. Al ver este inusual cambio, un *brahmachari* le preguntó la razón.

Amma: «Algo le ha ocurrido a uno de los hijos». Se quedó en silencio un momento, luego prosiguió: «Es este hijo que suele venir con frecuencia de Kozhencheri a quien Amma ha visto. Cuando estuvo aquí la semana pasada, Amma le dijo que tuviese cuidado en sus desplazamientos, ordenándole expresamente que no condujese durante tres meses».

Amma se mostró especialmente intranquila y subió rápidamente a su habitación.

Estas palabras de Amma hicieron que Haridas, un devoto de Pattambi, recordara lo que le había ocurrido el año anterior. Relató su historia a los demás: «Yo tenía la costumbre de venir en jeep con mi familia para ver a Amma. Un día, ella me dijo en una de mis visitas: 'No conduzcas durante un tiempo, hijo mío. ¡Amma presiente una desgracia!' De hecho, al regreso le pedí a mi hermano que condujese el jeep. Dos meses más tarde, fui a Sultan Battery para ver a un amigo. Estando allí, mi hermano enfermó. Un problema digestivo no le permitía conducir y ni siquiera viajar. Yo tenía que estar de vuelta al día siguiente por la mañana para solucionar unos asuntos financieros; por lo tanto, me era imposible quedarme. Dejé a mi hermano y me puse al volante.

«Como recordaba las palabras de Amma, conduje lentamente y con total precaución, repitiendo todo el tiempo mi *mantra*. En la carretera tuve sueño y me detuve para tomar una taza de té y refrescarme la cara con agua fría. Después reanudé el viaje. Pero al cabo de un momento, volví a sentir sueño. Hacía grandes esfuerzos para permanecer despierto mientras conducía. Terminé por adormecerme un momento, perdiendo el control del jeep que dio un brusco viraje a la derecha.

«Sentí de pronto que alguien tomaba el volante y lo giraba a la izquierda. En el mismo instante grité: ¡Amma!' y pisé el freno. El jeep se detuvo muy cerca de una enorme roca situada a la izquierda de la carretera. En aquella oscuridad era imposible ver nada. La carretera estaba construida en la ladera de la montaña, quedando ésta a la izquierda, y a la derecha un abismo vertical que descendía hasta un profundo valle. Al ver que el jeep se había detenido muy cerca del lado izquierdo de la carretera, me convencí que la ayuda del salvador invisible no había sido un simple producto de mi imaginación.

«Una semana después vine al ashram. En cuanto Amma me vio, preguntó: 'Hijo mío, ¿has conducido a pesar de las recomendaciones de Amma?' Me quedé desconcertado, con los ojos llenos de lágrimas».

Amma protege a sus hijos, como una madre vigila a su bebé y lo lleva en brazos, sin soltarlo. Ella conoce todos los pensamientos de sus hijos y es consciente de cada una de sus respiraciones.

¿Está predestinado el futuro?

Amma bajó de su habitación después de los *bhajans*. Una familia de Bhopal vino a verla. Solían pasar sus vacaciones en su ciudad natal, en la región de Kerala, y fue allí donde oyeron hablar de Amma. Querían conocerla antes de volver a Bhopal la semana siguiente. El marido había aprendido los principios espirituales de su padre, un ferviente devoto de Ramakrishna. La fe en Dios de su mujer y de sus hijos era también profunda. En medio de una vida muy ajetreada, siempre encontraban tiempo para el sadhana. Tenían la intención de volver a su casa por la noche, después de haber recibido el darshan de Amma. Como tenían coche, no suponía para ellos ningún problema el emprender viaje de vuelta a altas horas de la noche.

Cuando tuvo oportunidad de hablar con Amma, el marido dijo: «Amma, últimamente he tenido muchos problemas. Mi mujer tuvo que pasar un mes en el hospital, y cuando volvió a casa, nuestro hijo cayó enfermo y estuvo hospitalizado una semana. Mi mujer cree que nuestros problemas desaparecerán si un astrólogo estudia nuestro caso y nos indica cómo remediarlo».

Amma: «¿Conocéis a alguien capaz de estudiar vuestros horóscopos?»

El marido: «Mi suegro sabe astrología. Mi mujer es muy insistente y todos los días trata de convencerme de que le enviemos nuestros datos de nacimiento. No creo en los horóscopos ni nada por el estilo. Lo que tenga que ocurrir, ocurrirá, de modo que ¿de qué sirven esos estudios y prácticas?»

Amma: «No es justo decir que no sirven para nada. Al estudiar las posiciones de los planetas, podemos en cierta medida conocer nuestro futuro. Si sabemos el camino, podemos evitar los obstáculos. Si sabemos que delante de nosotros hay una barrera de espinos o una zanja, podremos evitarlos, ¿no es así?»

El marido: «Entonces, ¿podemos cambiar el destino?»

Amma: «El destino puede ser modificado mediante *tapas* y *sadhana*. Incluso la muerte puede evitarse. Sin duda conoces la historia del sabio Markandeya. ¿No cambió su destino cuando su corazón, en su plegaria frente a la muerte, clamó pidiendo auxilio? Todo lo que está grabado en nuestro destino puede ser trascendido por medio de las acciones realizadas con una actitud de abandono total en Dios. Pero debemos estar dispuestos a actuar, en vez de quedarnos quietos y ociosos, culpando a la fatalidad. Acusar al destino sin emprender nada, es un signo de indolencia».

El marido: «Se comprueba entonces que es erróneo el horóscopo que prevé el futuro, ¿no es así?»

Amma: «Ciertamente, nuestro esfuerzo marcará una diferencia. Escucha esta historia: Dos amigos fueron a hacerse su horóscopo. Resulta que ambos estaban destinados a morir a causa de una mordedura de serpiente. Uno de ellos se sintió presa de una preocupación permanente y su angustia le volvió loco. Los otros miembros de la familia perdieron la calma. El otro no se dejó llevar por la angustia y buscó una solución. Consciente de los límites de su poder frente a la muerte, recurrió a Dios y se abandonó en Él. Pero al mismo tiempo empleó su buena salud y la inteligencia que Dios le había dado: tomó todas las precauciones posibles para evitar ser mordido. Permaneció en casa, absorto en el recuerdo de Dios.

«Una noche, cuando iba a su sala de *puja*, su pie tropezó con algo. En esa habitación había una divinidad en forma de serpiente con la lengua saliente. Era esto lo que su pie había tocado, produciéndose a la hora en la que, según el horóscopo, un reptil le mordería. Aunque se trataba de una serpiente inanimada, se lastimó, pero no había veneno. Los esfuerzos realizados al refugiarse en Dios tuvieron su fruto. Su amigo, por el contrario, se dejó llevar por la ansiedad antes de que nada ocurriera y esto estropeó su vida. En lugar de culpar al destino, haced un esfuerzo. Así podréis superar todos los obstáculos».

El marido: «Amma, quiero hacerte una pregunta».

Amma: «Adelante, hijo».

El marido: «Si fuese posible modificar el destino, ¿por qué Sri Krishna no cambió la actitud mental de Duryodhana y evitar así la guerra? Si Krishna le hubiera revelado su forma divina, ¿habría ido Duryodhana a la guerra?»

Amma: «El Señor reveló su forma suprema tanto a los Kauravas como a los Pandavas. Por su humildad, Arjuna pudo reconocer la majestad del Señor, pero Duryodhana, demasiado imbuido de sí mismo, fue incapaz de ello. Es inútil mostrar nada a los que carecen de una actitud de abandono en Dios. Los principios de la espiritualidad sólo pueden transmitirse al que lo merece y está en la correcta disposición de espíritu. Para Duryodhana, sólo contaba la glorificación del cuerpo. No estaba abierto a los consejos de Sri Krishna; consideraba que sus palabras iban encaminadas únicamente a ayudar a los Pandavas. Todo lo que Sri Krishna le decía lo tomaba en el sentido opuesto. Sólo mediante la guerra se puede acabar con un ego semejante».

El rostro de Amma adoptó una expresión grave. De repente se levantó. Sus pensamientos se habían vuelto hacia otra cosa. Los visitantes se postraron y se retiraron. Amma se dirigió al bosque de cocoteros y caminó entre los árboles. Cantaba en voz baja algunas estrofas de un *bhajan*. Levantando los brazos al cielo, repetía incansablemente las mismas palabras, con gran intensidad; su voz temblaba y se rompía.

Después de un rato, Se sentó en la arena e inclinó su rostro. ¿Lloraba por sus hijos? Sin atreverse a interrumpir su soledad, todos fueron alejándose discretamente. Amma se tumbó en el suelo y permaneció varias horas en esta postura. La mente limitada del ser humano debe admitir su derrota cuando intenta comprender la naturaleza insondable de sus actos. La única solución que queda es el total abandono de sí mismo.

Sábado, 10 de agosto de 1985

Amanecía. Durante la noche, un hombre de mediana edad había llegado al ashram, demasiado borracho para andar con normalidad. Dos jóvenes discutían en ese momento con él por un dinero que éste les debía. Les había pedido prestado su ricksha, pequeño carruaje de tres ruedas, para venir esa noche. En el camino se había detenido en todos los bares. Cuando llegó al ashram no le quedaba dinero. Ellos reclamaban sesenta rupias, y sólo le quedaban unas pocas monedas. Finalmente les dio su reloj, que era de mucho valor, y los despachó.

Su paso era inseguro. Los *brahmacharis* le ayudaron a llegar hasta la escuela de Vedanta e hicieron que se acostara. Siguiendo el consejo de un devoto, bebió un poco de leche. Alguien le ayudó a cambiarse de ropa.

Ese día estaba previsto en Kollam un programa de *archana* y *bhajans* en la divina presencia de Amma. A las ocho de la mañana, Amma bajó de su habitación, preparada para salir. El hombre que había llegado borracho acudió. Se había lavado y estaba cubierto de ceniza sagrada. Se postró todo lo largo que era ante Amma, recitando en voz alta himnos a la Madre divina. También le contó sus penas. Ella sabía bien que bebía, no obstante, le consoló con amor maternal. Le dijo: «Amma volverá esta noche. Quédate a dormir hoy. Podrás volver a tu casa mañana, después del Devi *Bhava*».

Algunos devotos acompañaban a Amma y a los *brahmacharis* a Kollam. Ella subió a la barcaza que hacía las veces de transbordador para atravesar el remanso. Deseosos de estar cerca de ella, todos subieron a la misma embarcación, pero había demasiada gente. Amma, por no apenar a ninguno de sus hijos, no hizo bajar a ninguno. Si la embarcación se inclinaba, podría entrar agua, y si pasaba una lancha motora, seguramente la embarcación zozobraría en su estela. Como la Madre divina estaba con ellos, todos confiaban en que nada semejante les ocurriría.

«Hijos míos, hay personas que no saben nadar. Tened, pues, mucha prudencia. Si balanceáis la barca, se hundirá», dijo ella con voz grave. La embarcación se alejó suavemente de la orilla.

El viaje espiritual

Amma expresó: «Hijos míos, el viaje espiritual se parece a esta travesía. Debemos quedarnos sentados y controlarnos, reteniendo incluso la respiración, hasta que lleguemos a la otra orilla. Si no ejercemos este control, el barco puede zozobrar. Así, hasta que lleguemos a la otra orilla del mar del samsara (ciclo de nacimientos, muertes y renacimientos), hasta que alcancemos purnam (la plenitud), necesitamos estar muy atentos a cada paso. Una vez logrado el objetivo, ya no habrá más preocupaciones».

Amma, sentada en el banco de madera de la barca, contemplaba el agua. Puesto que Amma está con sus hijos y les toma firmemente de la mano, ¿por qué tener miedo? Nadie estaba preocupado. Al llegar a la otra orilla, todos subieron al autobús. Durante el viaje, el *brahmachari* Venu[6] le dijo a Amma: «Hace poco un devoto me confió que no tenía fe en los Mahatmas, porque éstos vivían en la opulencia, acumulando incluso millones».

Amma: «No podemos juzgarles en esos aspectos. Veis cómo adornamos a las divinidades de los templos. No criticamos a Dios por ello. La gente no toma en cuenta las buenas acciones de los *Mahatmas*».

Venu: «También se queja de ti, Amma. Cree que Amma ignora a las mujeres».

Amma (riéndose): «¿En serio?»

Venu: «Aunque Amma sea una mujer, dice que aquí hay pocas *brahmacharinis*».

Amma: «¿Podría Amma, que ha querido realizar austeridades con el fin de remediar la debilidad de las mujeres, ignorarlas ahora? Para llevar la vida de *sannyasa*, hace falta una buena dosis de *purushatvam* (principio masculino). Sólo se debe aceptar en los ashrams a las jóvenes que tengan cualidades de *purushatvam*,

---

[6] Swami Pranavamritananda.

como la confianza en sí mismas y un espíritu fuerte. De lo contrario, producirán más mal que bien, incluso si vienen con la esperanza de ayudar al mundo. Si los jóvenes cometen un error, el mundo apenas les criticará. Aunque abandonaran el ashram, pueden encontrar trabajo y ganarse la vida. Pero (en la India) las cosas son distintas respecto a las jóvenes. Ellas tienen que ser muy prudentes. Si descubren que no están hechas para la vida del ashram, deben ser capaces de ganarse la vida. Por eso Amma insiste en que todas las hijas que vivan aquí continúen sus estudios.

«Las hijas deben ser autónomas. Por naturaleza, son compasivas y propensas a crearse apegos. En consecuencia, sufren y se dejan engañar con facilidad. Pero saldrán adelante si su tendencia a crear vínculos se dirige hacia Dios. Si una mujer posee el desapego de un hombre, su poder se equiparará al de diez».

Brahmachari Pai: «Amma, ¿qué vale más, la acción desinteresada o la meditación?»

Amma: «Hijos míos, ¿vosotros qué pensáis?»

Cada uno fue expresando su opinión, lo que acabó por convertirse en un acalorado debate. Amma escuchaba sonriendo y parecía disfrutar mucho con ello. Finalmente todos se callaron y le dirigieron la mirada. «¡Por favor, Amma, dínoslo tú!»

Dada su insistencia, Amma respondió: «Ambas son necesarias. *Tapas* no basta; también es preciso actuar. Sólo con jabón no queda limpia la ropa, hace falta frotarla o agitarla. Para superar las circunstancias, es indispensable la acción (*karma*). Debemos ser capaces de pensar constantemente en Dios, hagamos lo que hagamos, y no sólo durante la meditación. La acción también sirve para poner a prueba nuestros progresos en la meditación. Por otro lado, la acción desinteresada no es posible sin la meditación. Los actos de un hombre que practica *tapas* tienen un poder que les es propio; benefician a todos».

* * * * *

Aquella tarde llegó al ashram el Dr. Sudhamsu Chaturvedi, profesor de la Universidad, para ver a Amma. Nacido en el estado norteño de Uttar Pradesh, vivía desde hacía tiempo en Kerala y hablaba malayalam con fluidez. Mientras esperaba que Amma volviese de su viaje, estuvo hablando con los *brahmacharis* sobre diversos temas. En su opinión, el estudio de las Escrituras era lo esencial. Amma finalmente regresó de Kollam. Se instaló en el ángulo sudeste del *kalari*. Sudhamsu se postró y luego se sentó a su lado. Sin preámbulos, Amma entró en la conversación.

Amma: «Hijo mío, viajas mucho. Cuando estás en la estación, ¿cómo te informas acerca de los horarios de trenes o autobuses?»

Sudhamsu: «Pregunto en la ventanilla o consulto el tablón de horarios».

Amma: «Una vez que has leído la información, ¿te quedas plantado allí leyendo el tablón de anuncios, o subes al tren o al autobús?»

Sudhamsu: «Después de leer la información, está claro que subo al autobús y me voy de viaje. Es la única forma de llegar a mi destino».

Amma: «Pues de igual manera, las Escrituras son sólo tablones de anuncios. Si te basta con leerlas, no llegarás a tu destino. Al venir aquí, has buscado el autobús que te traía y lo has tomado. Así es como has podido llegar. De la misma forma, sólo realizando de verdad el *sadhana* descrito en los textos progresarás espiritualmente. Si te comes la foto de un plátano, no tendrás ni el sabor ni las cualidades nutritivas del fruto. El estudio de las Escrituras es necesario, pero para que sea beneficioso, debe acompañarse del *sadhana*.»

El profesor estaba estupefacto al constatar que Amma sabía exactamente lo que habían estado hablando él y los *brahmacharis* antes de su llegada. Se calló un momento, después hizo una segunda pregunta.

Sudhamsu: «Si Cristo era realmente un *Mahatma*, ¿no habría logrado evitar que sus enemigos le crucificaran?»

Amma: «Cristo se sacrificó para enseñar a los demás la grandeza del sacrificio y del perdón. Los *Mahatmas* pueden acabar con su sufrimiento en un segundo si lo desean. Pero lo que quieren es dar ejemplo al mundo entero, incluso si ello significa que deben sufrir. Nadie puede hacerles nada. Vosotros no podéis siquiera acercaros a ellos sin su consentimiento. Nadie puede ir en su contra si ellos se oponen. Se someten voluntariamente al sufrimiento para enseñar al mundo a afrontar las fuerzas hostiles y las circunstancias adversas».

Sudhamsu planteó una nueva pregunta: «¿Cómo han llegado estos *brahmacharis* a vivir aquí?»

Amma: «Cuando una flor se abre, no hace falta enviar invitaciones para venir a probar su néctar. La abeja llega por sí sola. Estos hijos tenían un *samskara* (disposición) espiritual nacida del encuentro con Amma. Si escuchas la primera estrofa de una canción olvidada, recordarás toda la letra de la canción. Estos hijos estaban dispuestos a llevar una vida acorde con el *samskara* que ya había en ellos. Amma sólo los guía, eso es todo».

Sudhamsu: «Yo hago meditación y *japa* desde hace tiempo, pero no me satisfacen mis progresos».

Amma: «También tendrías que experimentar amor a Dios. Sin este amor, puedes hacer todo el *japa* y la meditación que quieras, pero no obtendrás ningún resultado. Cuando tu amor a Dios sea muy fuerte, todas las malas tendencias en ti desaparecerán por sí solas. Es difícil remar contra la corriente, pero si izas la vela, se vuelve fácil. El amor de Dios es como la vela que ayuda al barco a avanzar.

«Cuando dos amantes están juntos, no les agrada la proximidad de los demás. Un verdadero *sadhak* tiene la misma actitud. No le atrae nada que no esté relacionado con Dios. Absorto en su recuerdo, no soporta los obstáculos que se interpongan entre Dios y él. Nada tiene valor a sus ojos, salvo su amor a Dios.

«Hijo mío, es necesario estar decidido a alcanzar el objetivo (*lakshya bodha*). Sólo así tendrá nuestro *sadhana* la suficiente profundidad. Si alguien sale de su casa animado por el deseo de ir a un lugar determinado, ningún obstáculo podrá detenerlo. Si pierde el autobús, tomará un taxi. Pero si no tiene el suficiente interés, tal vez decida volver a casa e intentarlo al día siguiente. Hijos míos, sin un intenso *sadhana*, es difícil alcanzar el objetivo.

«Antes de sembrar la semilla es necesario preparar el terreno, limpiarlo de hierba y maleza. De lo contrario, difícilmente germinarán las semillas. De igual manera, no conoceremos la bienaventuranza del Ser sin haber purificado la mente de todos los objetos externos para volverla hacia Dios.

«¿Has comido, hijo? Con la conversación, Amma se olvidó de ello».

«Sí, Amma».

La discusión derivó entonces hacia los problemas personales de los devotos. Sus corazones, ardiendo en el fuego del *samsara*, se refrescaron con el néctar del amor de Amma.

Lunes, 12 de agosto de 1985

La noche anterior, el *bhava darshan* había terminado muy tarde. No obstante, Amma siguió hablando y consolando a los devotos. De un modo especial, le mostró su amor a una mujer que venía a verla desde hacía un año, intentando consolarla.

Antes de conocer a Amma, su hija estaba en el hospital con cáncer. Habían probado diversos tratamientos, pero sin éxito. Se hallaba en un estado de extrema postración, tanto mental como física. Además, esta situación la había puesto al borde de la ruina. Después de que un amigo le hablara de Amma, esta mujer vino a verla. Amma le dio ceniza sagrada para su hija enferma y poco después, ésta empezó a recuperarse. Sus dolores desaparecieron y se sintió con fuerza para hacer frente a lo que fuera.

Los médicos que habían dado por perdido el caso, se quedaron estupefactos. La joven pronto salió del hospital. Después de ser dada de alta, vino varias veces con su madre a ver a Amma. En su última visita, Amma les había advertido que pronto sería necesaria una operación. Una semana más tarde, el estado de la joven empeoró y tuvo que volver al hospital. Los médicos recomendaron una nueva intervención, que debía realizarse dos días después. Su madre vino a recibir la bendición de Amma antes de la intervención. Volvería a su casa muy temprano al día siguiente y Amma consiguió que viajara con una familia de devotos que había venido de Trissur.

Amma se dispuso a subir de nuevo a su habitación. Los cuervos habían empezado a graznar, anunciando la llegada del nuevo día.

Amma bajó a la cabaña del *darshan* poco antes de las tres de la tarde. Al ser el día después del *Devi bhava*, el número de devotos era relativamente pequeño. Un *brahmachari* meditaba en la cabaña. Al ver a Amma, se postró ante ella y aprovechó la oportunidad para hacerle una pregunta antes de que llegaran los devotos.

«Amma, ¿qué relación hay entre el *karma* y la reencarnación? Dicen que ésta es consecuencia del *karma*».

Amma: «Hijo mío, nuestro cuerpo está rodeado de un aura. Igual que las palabras quedan grabadas en una cinta, nuestras acciones dejan una huella en esta aura. Si son buenas, el aura adquiere un color dorado. En ese caso, hagamos lo que hagamos, los obstáculos desaparecen y todo sale bien. Pero el aura de los que hacen el mal se oscurece. Siempre encuentran obstáculos y problemas. Tras su muerte, su aura se queda en la tierra, convirtiéndose en alimento de gusanos e insectos, y luego reencarnan».

En vista de que los devotos empezaban a llegar para el *darshan*, el *brahmachari* se postró y se fue. Amma preguntó a los devotos sobre su situación. Uno de ellos puso a sus pies un regalo, un paquete envuelto en un papel de color llamativo.

Amma: «*Mone*, ¿cómo está tu hijo?»

Devoto: «Por tu gracia, ha recuperado su trabajo, Amma. Hace unos días llegó una carta de su mujer, diciendo que había dejado de fumar *ganja* (cáñamo). Se porta bien y sólo habla de ti. Incluso me ha enviado su primera paga, y me pidió que te lo contara todo y que le enviaras tus bendiciones. Por eso he venido hoy».

Amma: «Amma se alegra mucho de saber que ha dejado de fumar. Hijo mío, dile que Amma se regocija más por su cambio de comportamiento que por el regalo que me envía».

El hijo del devoto trabajaba en Bhilai. Perdió su trabajo cuando empezó a fumar *ganja* de forma excesiva; entonces se pasó un año en Kerala, sin encontrar trabajo. Fue cuando vino a ver a Amma, cuyo corazón se sintió conmovido por su sincero deseo de liberarse de este mal hábito. Ella le dio unas pastillas de almizcle con su bendición, indicándole que tomara una cada vez que sintiera ganas de fumar. Logró reducir poco a poco su consumo de *ganja* hasta eliminarlo por completo. Sólo habían pasado unos meses cuando inesperadamente recuperó su antiguo empleo.

El devoto añadió: «Se acabó todas las pastillas que Amma le dio antes de irse de casa. Ahora siempre trae en el bolsillo algo de almizcle. Dice que con sólo olerlo le basta».

Amma: «Es por su fe. Para el que tiene fe, no sólo el almizcle, sino incluso las piedras dan resultado».

Amma nunca dice que las cosas ocurren por su poder. Ella, que mora en el Absoluto, nos enseña con sus acciones lo que significa la entrega total a Dios.

Sábado, 24 de agosto de 1985

El viernes llegó Amma a Kodungallur para asistir a los *bhajans* vespertinos en el templo de Devi. Los que viajaban con ella pasaron la noche en la casa de un devoto. Por la mañana, los *brahmacharis* recitaron el Lalita Sahasranama y Amma hizo el *arati* con alcanfor. Después de bendecir con su presencia los hogares de otros tres devotos, Amma y su grupo emprendieron el viaje de vuelta. En el camino se detuvieron para comer. La familia que les había acogido la noche anterior les había preparado comida. Amma la sirvió en hojas de plátano a los viajeros sentados en círculo alrededor de ella. Después de recitar el capítulo quince del Bhagavad Gita, cantaron *brahmar panam* y a continuación comieron. Uno de ellos fue a una casa vecina a buscar un recipiente y lo llenó de agua corriente para que todos pudieran lavarse las manos. Los que observaban la escena tal vez se preguntarían quiénes eran estos nómadas y de dónde venían. Amma viaja sin preocuparse por la comida o por el descanso nocturno, derramando luz de eterna paz en el camino de sus hijos, entorpecidos por la ignorancia. Ella acude enseguida a tranquilizarlos, atrapados como están en la ilusión de Maya, y para darles todo lo que ella tiene. ¿Cómo podrían ellos siquiera vislumbrar la grandeza de su sacrificio?

Amma aclara las dudas de los brahmacharis

El grupo no descansó después de la comida y el viaje continuó. El *brahmachari* Venu tenía un fuerte dolor de oídos desde la noche anterior, tan fuerte que le impidió dormir. Amma le hizo sentarse cerca de ella en el coche y pidió a los demás que le hicieran sitio para que pudiera tumbarse. Puso en su regazo su cabeza y le tranquilizó. «Has retenido la respiración demasiado tiempo durante el *pranayama*, y eso te ha ocasionado este dolor de oídos», manifestó ella.

Venu: «¿Quieres decir que es malo hacer *pranayama*?»

Amma: «No, no es malo. Pero, hijos míos, no tenéis paciencia para hacerlo correctamente. Antaño, la gente tenía buena salud y paciencia. Eran capaces de practicarlo como es debido. Hoy en día, la gente carece de salud y de paciencia. Es muy peligroso practicar el *pranayama* sin la dirección de un Maestro».

Dada la gran afluencia de devotos al ashram, los *brahmacharis* rara vez tienen la posibilidad de hablar con Amma sobre temas espirituales. Los viajes les proporcionan la ocasión de sentarse cerca de ella y escuchar sus divinas palabras.

Un *brahmachari*: «Amma, ¿quién es más grande, Dios o el *gurú*?»

Amma: «En principio, Dios y el *gurú* son uno. Pero podemos decir que el *gurú* es superior a Dios. La gracia del *gurú* es única. Si él lo quiere, puede disipar los efectos de la cólera de Dios. Pero ni siquiera Dios puede borrar el pecado de ofender al *gurú*. Cuando hayáis realizado a Dios, podréis afirmar que sois uno con Él. Pero no es posible afirmar que sois uno con el Maestro. Es el *gurú* el que inicia al discípulo, dándole el *mantra* que le llevará a la realización de Dios. Él es quien muestra el camino que conduce al objetivo. El *gurú* conservará siempre esta condición especial.

Incluso después de haber realizado la verdad, el discípulo debe mostrarse con gran humildad hacia el *gurú*».

Br.: «Amma, ¿cuántas veces tenemos que cantar el *mantra* que nos das para alcanzar el *mantra siddhi*?»

Amma: «Lo que importa no es la cantidad de veces, sino cómo lo haces. Podrás recitarlo millones de veces, pero ¿cómo obtendréis un mínimo beneficio si al mismo tiempo lleváis una vida de total despreocupación, desprovista de *shraddha*? La cantidad de veces depende de la extensión del *mantra*. Es necesario practicar *japa* con concentración. Si ésta es perfecta, poco importa el número de repeticiones. Una cantidad de veces relativamente pequeña bastará para obtener el *mantra siddhi*.

«Es importante que os concentréis en la forma o el sonido del *mantra*. Al repetirlo, os podéis concentrar en cada una de las letras del *mantra*. No siempre conseguiréis una concentración perfecta. Por eso se dice que hay que repetir el *mantra* decenas de millones de veces. Mientras más lo repetís, mayor será vuestra concentración.

«Una pregunta como ésta viene a ser lo mismo que preguntar cuánta agua requiere una planta para dar fruto. Es necesario regarla, pero la cantidad de agua depende de la clase de planta, del clima, terreno, etc. El agua sola no basta. La planta también necesita luz solar, fertilizante, aire y pesticidas. De igual manera, en el camino de la espiritualidad, el *mantra* es sólo uno de sus aspectos. También son de gran importancia las buenas acciones, los buenos pensamientos y la compañía de personas virtuosas (*satsang*). Cuando existen todas estas condiciones, el beneficio resultante será de acuerdo con la voluntad de Dios».

Br.: «¿Se pueden obtener *siddhis* repitiendo un *mantra*?»

Amma: «Los *siddhis* dependen de vuestra concentración. El *japa* puede inducir a los *siddhis*. Pero si se utilizan sin discernimiento, uno puede desviarse del camino que conduce a la meta final. No creáis que podéis vivir vuestra vida de cualquier manera después de haber sido iniciados con un *mantra*. Amma os observa. Imaginad que tomáis el autobús. Si compráis el billete pero no lo tenéis a mano cuando llega el inspector, os hará bajar. No hay clemencia.

«Cuando alcanzáis la realización, todos tenéis los *siddhis*. La realización está más allá de todos los poderes. El mundo entero estará en vuestras manos. Si en lugar de desear la realización, pedís a Dios que os conceda *siddhis*, sería como hacer grandes esfuerzos para entrar en la corte del rey, para pedirle, cuando finalmente estáis ante él, que os dé grosellas silvestres».

Br.: «¿Cuánto tiempo hace falta para obtener la visión de Dios?»

Amma: «No podemos predecir cuándo veremos a Dios. Eso depende del deseo del buscador y del esfuerzo que haga. Si tomamos un autobús de segunda, desconocemos la hora de nuestra llegada, porque en su ruta se detiene muchas veces. Pero podemos saber con mayor o menor precisión la hora de llegada de un autobús especial, cuyas paradas son mínimas. De igual forma, si pensamos en Dios sin perder un momento, con total desapego, en poco tiempo llegaremos al objetivo. Si nuestro *sadhana* no es muy intenso, es difícil determinar cuándo lo conseguiremos.

«Las Escrituras afirman frecuentemente que hace falta menos de un segundo para alcanzar la realización. En otros lugares, declaran que es difícil, incluso dedicándole cien vidas. La intensidad del *sadhana* y el *samskara* que hemos heredado de existencias anteriores determinan el tiempo que necesitamos para alcanzar el objetivo. El *sadhana* no consiste en permanecer sentado en alguna parte con los ojos cerrados. Es necesario mantener el objetivo siempre presente en nuestro espíritu y un esfuerzo constante. Por encima de todo, hace falta un corazón puro. Cuando el corazón es puro, es fácil obtener la gracia de Dios».

Br.: «Amma, ¿la visión de Dios es lo mismo que la realización?»

Amma: «Algunas personas tienen visiones durante la meditación. Existe un estado meditativo que no es ni sueño ni vigilia. Podéis llamarlo estado de ensoñación de la meditación. Suele ser en ese estado en el que se obtiene la visión de diferentes formas divinas. No podemos llamarlo visión de Dios, ni deberíamos apegarnos a ello, sino avanzar en el camino».

Sentados al fondo del autobús, dos *brahmacharis* no oían a Amma. Estaban absortos en una conversación sobre un pasaje de los Upanishads que estaban estudiando. Lanzaban frecuentes miradas a Amma para ver si ella les escuchaba. Ella finalmente interrumpió lo que decía y se dirigió a ellos.

Amma: «Hijos míos, no perdáis el tiempo tratando de aclarar si el fruto que hay en el árbol está maduro, si sólo lo parece o si está lleno de gusanos. ¡Subid a cogerlo! No malgastéis el tiempo discutiendo sobre esto o aquello. Repetid vuestro *mantra* sin descanso. Si queréis progresar, no disminuyáis ni por un instante vuestro esfuerzo. No hay atajos».

Una experiencia sorprendente

El dolor de oídos de Venu desapareció, tal vez por el mágico contacto de Amma, o bien porque estaba bebiendo del néctar de sus palabras. Cuando el vehículo llegó a Alapuzha (Allepey), se paró, negándose obstinadamente a arrancar de nuevo. Esto preocupó al conductor, *Brahmachari* Ramakrishna[7], ya que no veía ninguna razón para que el motor fallara. Miró a Amma, impotente. Sin decir nada, ella bajó del vehículo y empezó a caminar. Los *brahmacharis* la siguieron. Ramakrishna hizo lo mismo, preguntándole si debía llamar a un mecánico o alquilar

---

[7] Swami Ramakrishnananda.

otro vehículo si la reparación requería tiempo, pero Amma no respondió. Shekhar, uno de sus devotos, vivía cerca del lugar en el que se había detenido el vehículo. Ella se encaminó hacia su casa. Al ver a Amma, toda la familia se llenó de alegría. Hacía mucho tiempo que esperaban su visita. Al saber que esa noche volvía de Kodungallur, habían estado rezando para que ella viniera. De hecho, en el momento mismo en el que hablaban de esa posibilidad y uno de ellos expresaba sus dudas de si Amma vendría sin haber sido invitada, ella entró. Apenas podían creer lo que veían. La recibieron con respeto y la condujeron a la sala de puja donde ella hizo el *arati* con alcanfor. Después, llamó a cada uno de los miembros de la familia, aliviando sus penas con el bálsamo de sus dulces palabras.

Amma salió pronto de la casa. Ramakrishna esperaba afuera, pensativo y silencioso. Sin decir una palabra, Amma se encaminó hacia el vehículo. Ramakrishna le dijo entonces con suavidad: «Amma, aún no lo han reparado». Ella subió mientras decía: «Intenta arrancar, hijo». Ramakrishna giró la llave de contacto del motor y se puso en marcha sin problema. Se volvió para mirar a Amma, radiante; ella sólo sonrió.

Ya en ruta, visitaron a otros dos devotos. Eran las siete y media de la tarde cuando llegaron al ashram y, por lo tanto, la hora de los *bhajans*. El *brahmachari* Anish[8], un estudiante de la misión Chinmaya de Bombay, esperaba el regreso de Amma. Era su primera visita y su primer encuentro con Amma. Ella se sentó en el patio entre la escuela de Vedanta y el *kalari* para hablar con él un momento. Los *brahmacharis* que habían salido con Amma se unieron a los cantores en el templo. Al final, Anish también fue allí. Cautivado por los *bhajans*, se olvidó de todo. El canto parecía narrar su propia historia:

---

[8] Swami Amritagitananda.

Akalatta kovilil

En un templo lejano.
Ardía constantemente una llama.
La Madre compasiva estaba allí sentada
para guiar a los que vagan en las tinieblas.

Un día, cuando vagaba por aquellos lugares
Esta radiante encarnación me llamó.
Abriendo el santuario interior,
Ella puso pasta de sándalo en mi frente.

Cantando las alabanzas del Señor,
Ella hizo que me sentara en su dulce brazo sagrado.
Fue entonces cuando un maravilloso sueño divino
me susurró al oído esta dulce verdad.

«¿Por qué lloras? ¿Ignoras que te has acercado
A los pies sagrados del Señor?»
Entonces me desperté lanzando un suspiro,
y vi claramente delante de mí su rostro de loto.

Jueves, 5 de septiembre de 1985

La Madre infatigable

Un grupo de devotos llegó después de la medianoche. Habían salido de Kollam por la tarde, pero tuvieron problemas con el coche y tardaron mucho en repararlo. En vista de la hora, pensaban volver sobre sus pasos, pero cambiaron de idea ante la insistencia de uno de sus hijos. No esperaban ver a Amma esa noche, pero al llegar, la encontraron sola en el bosquecillo de cocoteros delante del ashram, como si estuviese esperando a alguien. Al verla, se olvidaron enseguida de sus problemas. Amma se sentó y estuvo hablando con ellos hasta las cuatro de la mañana.

A las cinco, Amma se duchó y bajó de nuevo. Un *brahmachari* le rogó que descansara. Esa noche no había dormido nada. La noche siguiente se dedicaría al *bhava darshan* y, por lo tanto, tampoco dormiría. Amma repuso: «No se debe dormir durante el *archana*. Hacemos esta práctica con un *sankalpa* divino. Todo el mundo debe estar despierto y participar en él. Dormir en esta hora traería desventuras. Si Amma duerme hoy durante el *archana*, mañana haríais todos lo mismo. Se acabaría la disciplina en el ashram».

Br: «Pero, Amma, si no descansa, ¿no se verá afectada su salud?»

Amma: «Dios cuidará de ella. Amma no ha venido para cuidar este cuerpo. Si respetáis las reglas del ashram, nada perjudicará la salud de Amma».

Consciente de que era inútil insistir, el *brahmachari* se retiró. Amma fue a la sala de meditación y se unió a los *brahmacharis* en el *archana*. Después fue a sentarse al bosquecillo de cocoteros. Gayatri le llevó una taza de té. Tomó la mitad y se la devolvió.

Amma llamó al *brahmachari* Sarvatma Chaitanya, que normalmente vivía en Francia, dedicado a dar a conocer su enseñanza. Estaba de visita. Sarvatma llegó, se postró ante Amma y se sentó cerca de ella.

Sarvatma: «Amma, sé que no has dormido; por eso no vine a verte. Esta tarde es *bhava darshan* y deberías descansar un momento. Vendré después».

Amma: «Hijo mío, tienes que marcharte ¿no es así? No te preocupes por el bienestar de Amma. Ella casi nunca duerme. ¿Cómo podría dormir la noche de *bhava darshan*? Las otras noches, Amma lee cartas y cuando acaba, se ha hecho muy tarde.

«Amma suele permanecer despierta durante la noche. No es nuevo. Le ocurre desde la infancia. El sufrimiento por no obtener la visión de Dios la mantenía despierta. Si se dormía, se infligía heridas para no dormir. Durante el día las tareas domésticas ocupaban todo su tiempo. Cuando terminaba de lavar los platos por la noche, los demás dormían profundamente. Era el único momento en el que podía orar sin ser molestada. Se quedaba despierta toda la noche, llorando para obtener la visión de Dios.

«La noche es el mejor momento para orar. La naturaleza está tranquila. Nadie nos molesta. Si vas a la orilla del mar, nadie se dará cuenta y allí encontrarás la soledad».

Las lágrimas arrasaban los ojos de Sarvatma, que pensaba en el sacrificio de Amma y en la severidad de sus austeridades.

Amma cambió de tema y le preguntó: «Hijo mío, ¿qué quieres preguntarle a Amma?»

Incapaz de hablar, Sarvatma guardó silencio, sumergiendo sus ojos en los de ella.

Explicación de la labor misionera

Amma le dijo a Gayatri, que se encontraba cerca: «Este hijo ha viajado a muchos lugares para dar conferencias. En algunas ciudades la audiencia ha sido numerosa, pero en otras muy reducida. Esto le preocupa porque cree que si la gente no viene es porque sus charlas no atraen. (Volviéndose a Sarvatma): Hijo, ¿por qué te preocupa la cantidad de oyentes? Haces lo que Amma te ha encargado, ¿no es así? Sólo cuida de una cosa: que en tus palabras y en tus actos haya una gran humildad. Hemos de ponernos al nivel de la gente para ayudarlos a elevar su consciencia.

«A los niños les gusta jugar, e incluso se olvidan de comer a su hora. El papel de la madre es alimentar a su hijo en el momento oportuno, sin tener por qué gritarle o darle un azote. Tiene que llamarle con cariño y ponerse a su nivel. Entonces entrará a comer. Del mismo modo, a nosotros nos corresponde despertar el interés de la gente, que tal vez no asimila de inmediato las ideas espirituales. Todos aprecian la humildad. Todo el mundo desea ser amado. Cada persona debe ser abordada en su nivel; después podemos ayudarlos a progresar».

Sarvatma: «Algunas personas preguntan si es correcto formar grupos en nombre de los *Mahatmas*».

Amma: «Hijo mío, se puede evitar el uso del nombre de una persona, pero si se crea un movimiento, es importante darle un nombre. Toma como ejemplo un ideal en lugar de un nombre propio. Que sea Sendero de Amor, o Sendero del Atman. De todas formas, hace falta una etiqueta. Después la gente se reagrupará y se convertirá en un grupo o una organización. Será conocida por representar valores, por ejemplo, el amor o el sacrificio de sí mismo. Después vendrá la foto de la persona que ha hecho nacer el movimiento y terminará por llamarse con el nombre de esa persona u otras.

«Necesitamos un instrumento para transformar la mente humana que es egoísta, y abrirla al amor. Es necesario atar la mente a un ideal, al igual que se encierra al caballo en un corral para domarlo. Algunos acuden a un satguru con este propósito. El nombre del Maestro simboliza los ideales que él enseña, encarnándolos en su propia vida. Otros siguen un método distinto. Sin el entramado de una organización, es difícil dar a conocer las enseñanzas. ¿Por qué renunciar a los inmensos beneficios que ofrece una organización sólo por algunos defectos menores?

«Tal vez te preguntes para qué se valla una huerta. Es obvio que sirve para algo. Hagas lo que hagas, surgirán inconvenientes, pero no hay que preocuparse. Esfuérzate en ver el bien en todo y enseña a los demás a hacer lo mismo. Se dice que cuando le das al cisne una mezcla de agua y leche, éste es capaz de extraer la leche. Obsérvalo todo con una mente abierta. Elige sólo lo bueno. Sé siempre cuidadosamente consciente de la diferencia entre lo eterno y lo efímero.

«En algunas regiones de la India, la inicial del nombre del padre precede al del hijo. ¿Qué gana el padre con esto? Una institución beneficia a un gran número de personas. Un *sannyasi* no vive para sí mismo, sino para enseñar el principio supremo a los demás. Con este objetivo los discípulos dan a conocer la enseñanza de su *gurú* y ésa es también la función de los *ashrams*.

No consideres a los *Mahatmas* como individuos. Representan un ideal, el principio supremo. Es eso lo que debemos contemplar. Aunque aparezcan ante nosotros bajo la forma de un individuo, el *gurú* es el principio del Ser, inmanente en todo el universo. Podemos considerar como individuos a los que viven para su familia o para satisfacer sus deseos. ¿Son así los *Mahatmas*? No. Su existencia beneficia al mundo entero. Proporcionan paz a miles de personas.

«Hijo mío, la mayoría de nosotros ha crecido con la ayuda de muchas personas. Sólo unos pocos son capaces de evolucionar apoyándose únicamente en los principios internos. En nuestra infancia, dependemos de nuestros padres. Después buscamos el apoyo de nuestros amigos o de nuestro cónyuge. Más adelante, aprendemos a amar y a servir sólo a individuos, somos incapaces de vivir exclusivamente de los principios espirituales. Pero los *Mahatmas* están más allá del nombre y de la forma. Aunque les veáis actuar como individuos, no hay ego en ellos. Carecen del sentido de individualidad. Si nos apoyamos en ellos, progresaremos rápidamente y nos abriremos a otra dimensión».

Amma se levantó lentamente y Sarvatma Chaitanya se postró ante ella. Amma abrazó a este hijo que debía partir lejos, después se dirigió a la cabaña para dar el *darshan* a los devotos.

Entre la cabaña del *darshan* y la escuela de Vedanta había algunos tiestos con plantas en flor. Dos *brahmacharis* contemplaban en esos momentos la belleza de las flores. Al ver que Amma venía, se apartaron para dejarla pasar. Una de las plantas estaba mustia. Cuando Amma pasó por delante de esa maceta, les dijo: «Puede verse vuestro grado de atención a las cosas externas. ¿Se habría marchitado esta planta si hubieseis tenido un mínimo de *shraddha*? Se ha secado porque nadie la regó cuando lo necesitaba. Basta con mirar las plantas que rodean a un *brahmachari* para saber su grado de shraddha hacia el mundo. El que ama a Dios, ama y cuida a todos los seres vivos».

Amma entró en la cabaña y empezó a recibir a los devotos.

Unniyappam

Una devota había traído a los *brahmacharis* algunos *unniyappam* (buñuelos hechos de harina de arroz y azúcar moreno). Se los ofreció a Amma.

Amma: «Hija mía, ¿de qué sirve que hayan abandonado su hogar si les traes golosinas? Han venido a practicar la renuncia. ¿Qué hará Amma si cada uno recibe comida de su casa?»

La devota: «Amma, es algo que sólo traemos de vez en cuando. ¿Qué mal puede hacerles?»

Amma: «Darles lo que desean les perjudica, hija. Eso no es amor. El verdadero amor consiste en no traerles alimentos gratos al paladar, en infundirles el deseo de controlar el gusto y la mente y estimularles a ello. El que controla perfectamente su mente goza constantemente del néctar de la felicidad. Pero la comida, una vez que baja al estómago, se transforma en excremento. Es imposible controlar la mente sin dominar el gusto. Si estos hijos desean las golosinas de sus padres y un alimento sabroso, ¿para qué vienen aquí? Cuando abandonan su hogar y su ambiente, vienen con un objetivo distinto».

Los ojos de la mujer se llenaron de lágrimas. «Amma, no sabía que estaba cometiendo un error tan grave. A todos los considero como si fueran hijos míos. Sólo pienso en su bienestar».

Amma la atrajo hacia sí y la abrazó.

Amma: «Hija mía, Amma no deseaba entristecerte. Sólo quería conocer tu estado de ánimo. Alguien aquí debe haber tenido un intenso deseo de *unniyappam* ¡y por eso lo has traído hoy!»

Amma se rió, y todos los devotos se unieron a ella.

«A pesar de lo que Amma acaba de decir, ella misma prepara a veces cosas sabrosas para sus hijos. La Madre piensa: '¿A cuántas comodidades se habrán acostumbrado estos hijos en sus hogares? ¿Les gustará la comida de aquí? ¿Quién si no Amma los mimará ahora?' Así, pues, en determinadas ocasiones, les prepara platos especiales. Por otro lado, cuando ella piensa de esta forma, los devotos traen golosinas. Por la gracia de Dios, los hijos que están aquí nunca han tenido la sensación de echar nada de menos.

«Sin embargo, en otras ocasiones, la actitud de Amma cambia y sólo les da arroz sin ningún acompañamiento. A veces crea las circunstancias en las que ellos deben olvidarse de la comida. Después de todo, también a eso tienen que acostumbrarse. No seamos esclavos de nuestro paladar. Al olvidar el gusto de la lengua, podremos saborear el del corazón».

Amma llamó a Bri. Gayatri y le entregó los *unniyappam* para que los repartiera entre los residentes. Gayatri no había escuchado la conversación que había tenido lugar en la cabaña. Tomó el paquete y murmuró algo al oído de Amma, que se echó a reír de buena gana. Todos se preguntaban qué ocurría.

Amma: «Ya os había dicho Amma que seguramente alguno de vosotros tenía ganas de comer *unniyappam*. Uno de los hijos le contó a Gayatri que en su casa solían comerlos y que le encantaría volver a probarlos».

Risa general.

El *darshan* se prolongó hasta las dos de la tarde. Antes de subir de nuevo a su habitación, Amma fue al comedor para asegurarse de que todo el mundo había comido bien. Como ese día habría *bhava darshan*, ella bajaría de nuevo a las cinco de la tarde para los *bhajans*.

Viernes 6 de septiembre de 1985

El *brahmachari* Neal Rosner[9] filmaba las actividades del ashram con una cámara que un devoto había traído el día anterior de los Estados Unidos. Antes del amanecer había filmado el recitado de los *mantras* védicos y la recitación de los mil Nombres de Sri Lalita *(archana)*. Pero el resultado no había sido muy bueno, sin duda porque Amma no le había dado su autorización para recurrir a una iluminación adicional.

«Si enciendes luces directas durante el *archana*, todo el mundo se distraerá», le dijo Amma a Nealu. «La mente debe concentrarse totalmente en la divinidad elegida o en el *mantra*. Cuando recitamos el *archana*, la Madre divina está presente. El objetivo de esta práctica es llegar a la concentración. Eso debe quedar claro».

Amma nos recuerda de forma constante que nos concentremos totalmente en lo que estamos haciendo.

Ella suele decir que los buscadores espirituales no deben permitir que se les fotografíe. «La luz del flash le roba al buscador una parte de su *ojas* (energía sutil)».

Al principio Amma no permitía ningún tipo de filmación, pero la noche anterior, Nealu la había seguido a todas partes, diciendo: «Amma, todos los días recibimos cartas de América en las que piden que te grabemos en vídeo. Muchísimos de tus hijos

[9] Swami Paramatmananda.

no pueden venir aquí, hay que hacerlo por ellos. Ellos son los que me enviaron esta cámara. Te lo ruego, sólo una vez, Amma…». Ella finalmente aceptó. «De acuerdo, si tanto insistes. Pero no interrumpas la meditación de los hijos o cualquier otra cosa. ¡No vuelvas a plantarte delante de mí con esa cosa!» Nealu tuvo que aceptar estas condiciones.

De pie detrás de un cocotero, esperaba la llegada de Amma a la cabaña para el *darshan*. El follaje de los árboles le quitaba luz y Amma no permitía el uso de iluminación artificial para tomar fotos. Finalmente Amma llegó. Caminó hacia la cabaña, iluminando las zonas sombrías, bajo los cocoteros. Nealu la siguió, disfrutando de la escena a través del objetivo de la cámara.

El renunciante y su familia

La madre de uno de los *brahmacharis* esperaba a Amma. La acompañaba su hija. La mujer se postró, le explicó la razón de su tristeza y, señalando al *brahmachari*, dijo:

«Amma, vamos a celebrar el cumpleaños de su padre. Por favor permite que venga a pasar unos días en casa».

Amma: «Pero Amma no le prohibe a nadie salir del ashram. Si él quiere ir, no hay ningún inconveniente en que se vaya contigo».

La mujer: «Él no lo acepta y sólo te obedece a ti, Amma».

El *brahmachari*, cabizbajo, escuchaba a su madre y a su hermana implorar a Amma.

Amma se volvió hacia él: «Hijo mío, ¿no quieres ir con ellas?» Él asintió con la cabeza, pero sin estar del todo convencido. Los tres se postraron y salieron de la cabaña.

Cuando Amma salió de la cabaña después del *darshan*, el *brahmachari* la estaba esperando con el rostro descontento.

Amma: «¿Pero, no te has ido? ¿Dónde están tu madre y tu hermana?»

Br: «Se han ido. Al final conseguí que se marcharan».

Amma: «¿No te apetece volver para festejar el cumpleaños de tu padre?»

Br: «No, Amma. Y me sentiré mejor si no me obligas a ir. Sólo me entristece el no haberte obedecido».

Amma, que se dirigía a su habitación, se detuvo. No sonreía. La expresión de su rostro era seria, pero también llena de amor. Se sentó en la escalera y el *brahmachari* a sus pies. Ella le miró directamente a los ojos.

Amma: «Hijo, un *brahmachari* no debería mantener ataduras con su familia. Es como remar con un bote amarrado a un árbol. No avanzará en su *sadhana*. Lo mismo ocurre cuando la mente está repleta de pensamientos. ¿Cómo avanzar si el agua está plagada de algas? Puedes dar cien golpes de remo y no moverte más de un centímetro.

«Cuando hablas con tu familia o lees sus cartas, recibes noticias de tu casa y de tu barrio. ¿De qué sirve afirmar que has abandonado la casa? Tus pensamientos giran en torno a tu hogar y tu entorno. ¿Entonces, cómo podrás concentrarte, agitado por todos estos pensamientos? El oleaje del pensamiento no se calmará.

«Al principio, un buscador espiritual no debería siquiera leer el periódico. Esta lectura deja en la mente la huella de los acontecimientos mundanos. Algunos hijos leen el periódico y enseguida le traen noticias a Amma, que simula prestar atención para observar su mente. Al día siguiente, vuelven con otras noticias; pero no es eso lo que Amma espera de vosotros. Un *brahmachari* debe tener una actitud de abandono total en Dios. Debe tener la certeza de que Dios cuida de su familia. Si su fe es firme, Dios se ocupará de ello sin ninguna duda. ¿No vino Krishna en persona para ayudar a Kururamma[10]?

«Hijo, si regamos las raíces de un árbol, las ramas se benefician. Pero si regamos las ramas, el árbol no se beneficia y nuestro esfuerzo resulta vano. Si amamos a Dios, eso equivale a amar a todas las criaturas. Ellas se benefician porque el mismo Dios mora en cada uno. Al amarle, amamos a todos los seres. Por el contrario, crear vínculos individuales sólo produce sufrimiento.

«Cuando aprendemos a conducir, vamos a un lugar desierto para practicar. De otro modo seríamos un peligro público. Una vez que hemos aprendido, podemos ir a todas partes, incluso con mucho tráfico. De igual manera, un *sadhak* debe alejarse de su familia y de sus amigos al principio, para practicar en la soledad. De lo contrario le sería difícil concentrar su mente en Dios. A medida que progresa en su *sadhana*, será capaz de ver a Dios en todos, de amarlos y servirlos. No perderá su fuerza espiritual.

«Hijo mío, si mantienes relaciones con tu familia, perderás tus fuerzas. Basta con que escribas a tu madre. Trata sólo de temas espirituales. Si vuelves a tu casa, duerme en la sala de *puja* y si alguien te cuenta historias de la familia, no le escuches. Habla sólo de espiritualidad.

Las palabras de Amma tranquilizaron al *brahmachari*. Se postró y se retiró, y Amma subió a su habitación.

---

[10] Santa de Kerala, vinculada al famoso templo de Guruvayurappa (dedicado a Krishna), que ella podía ver desde la aldea en la que vivía. Desde su infancia, Kururamma rendía culto a Krishna. Al quedar viuda muy joven, asumió el papel tradicional atribuido a las viudas: el de criada de la familia. Un día, un brahmán sediento le pidió agua. Según la costumbre, una viuda no debe tener contacto con un hombre. Kururamma deseó en ese momento que alguien viniese para poder darle al brahmán un vaso de agua. Un muchacho que nunca había visto hasta entonces en la aldea llegó con un vaso de agua. Cada tarde volvió para ayudarla en los trabajos domésticos; ella comprendió poco a poco que Krishna mismo venía a ella bajo esta forma.

A la orilla del mar

A las cinco y media de la tarde Amma bajó de su habitación y llamó a todos los *brahmacharis* para ir a la orilla del mar. Cuando llegaron, ella ya estaba en profunda meditación. Se sentaron a su alrededor y cerraron los ojos. La presencia de Amma y el ruido del mar hicieron desaparecer todo pensamiento del mundo externo.

Al cabo de dos horas, Amma abrió los ojos, Se levantó y empezó a caminar con lentitud por la orilla del mar. A medida que se acercaba al agua, las olas del mar parecían disputarse el privilegio de besar sus pies. Las que lo conseguían se retiraban, dichosas, disolviéndose de nuevo en el océano. Caía la noche y la blanca indumentaria de Amma parecía irradiar luz. Amma siguió caminando por la orilla y se puso a cantar suavemente, con los ojos fijos en el horizonte. Parecía en éxtasis. Los que la seguían cantaban con ella:

Omkaramengum

El sonido Om resuena en todas partes,
su eco resuena en cada átomo.
Con alma serena, Cantemos 'Om shakti'.

Brotan lágrimas de tristeza
y ahora Amma es mi único apoyo.
Bendíceme con tus hermosas manos,
porque he renunciado a todos los placeres de este mundo.
El miedo a la muerte ha desaparecido,
el deseo de la belleza física se ha desvanecido,
sin cesar me acuerdo de tu forma
que brilla con la luz de Shiva.

Cuando me haya llenado de luz interior
que desborde para brillar ante mí
cuando me haya embriagado de devoción,
me fundiré en la belleza de tu forma.

Tu forma es lo que más he deseado ver.
Todo el encanto del mundo se ha cristalizado
para crear esta belleza sin igual.
Oh, ahora me anega el llanto…

Una vez terminado el canto, Amma volvió al ashram. Todos la siguieron en silencio. Ella se sentó en la arena por la parte oeste. Al intuir que deseaba estar sola, los brahmacharis fueron retirándose poco a poco.

Instrucciones a los brahmacharis

Después del *darshan*, Amma salió de la cabaña y se dirigió a las habitaciones de los *brahmacharis*. Ella las inspeccionaba de vez en cuando, para ver si todo estaba en orden, limpio y barrido a diario, si alguien guardaba objetos superfluos para su uso personal. No quería ver más de un libro de la biblioteca en ninguna habitación, ni tampoco más *dhotis* o camisas de las estrictamente necesarias… y era imposible engañarla.

Un día, al observar que un *brahmachari* había extendido un trozo de alfombra sobre una esterilla donde dormir, Amma expresó: «Solíamos dormir en el suelo de cemento o sucio. Casi nunca teníamos esterillas ni sábanas. A veces toda la familia dormía en esterillas sobre el suelo y los bebés las mojaban. Así crecimos. Gayatri os dirá que incluso hoy, Amma duerme casi siempre sobre el suelo, aunque tenga una cama y un colchón. Vosotros os habéis acostumbrado a la comodidad en vuestra infancia, hijos míos. Os resultará difícil dormir en un suelo sucio».

El *brahmachari* retiró la alfombra rápidamente.

Ese día, Amma entró en una de las cabañas y tomó un paquete que había sobre un escritorio. Parecía saber exactamente el lugar donde éste se encontraba, como si ella misma lo hubiese puesto allí.

«¿Qué es esto, hijo mío?» le preguntó al *brahmachari* que vivía allí. Él palideció. Amma se sentó en el suelo y abrió el paquete. Contenía *ariyundas* (bolitas de dulce hechas con harina de arroz y azúcar).

«Las han traído tus padres para su querido hijo, ¿no es verdad?» El *brahmachari* bajó la cabeza. Era verdad. Sus padres le habían dado el paquete la víspera. Él les había pedido que se lo entregaran a Gayatri para que repartiera su contenido a todos los *brahmacharis*, pero ellos se negaron. «Le hemos traído a Amma otro paquete para ella y sus hijos. Éste es para ti». Dada su insistencia, él había cedido. Algunos *brahmacharis* habían seguido a Amma a la cabaña. Ella les dio una *ariyunda* a cada uno.

Amma: «Hijo mío, a Amma le encantaría verte cortar incluso un plátano en cien trozos para compartirlo con todos. Muchos de los devotos traen postres y golosinas para Amma, pero ella no puede comer nada sin compartirlo. Lo guarda todo para sus hijos. A veces prueba un trocito, sólo para complacer a los devotos. ¿Sabes cuántas molestias se toman a veces en prepararlos, en hacer el paquete y traerlo hasta aquí, gastando dinero en el autobús?»

Ella hizo una pausa y le preguntó: «Hijo, ¿Amma te ha entristecido?»

Hizo que el *brahmachari* apoyara la cabeza en su regazo, tomó uno de los dulces, lo partió y después de comer un poco, le puso en la boca el resto, trozo a trozo. Tanto amor sólo aumentó su dolor. Amma le dijo: «¡No llores, hijo mío! Amma te ha dicho eso para que no sigas atado a tu familia. Al menos, no te lo has comido todo, sino que lo has guardado; de haber sido otro, tal

vez ni siquiera hubiésemos visto el papel del envoltorio, ¿verdad?»
Les dijo a los demás, sonriendo.

Para cambiar de tema, Amma alargó el brazo y tomó un libro. Estaba cubierto de polvo. Lo sacudió. Era un manual básico de Sánscrito.

Amma: «¿No sigues el curso de sánscrito?»

Br: «He faltado a las dos o tres últimas clases, Amma. Tengo dificultades con la gramática».

Amma: «A juzgar por este libro, diría que no lo has abierto en un mes por lo menos. Hijo, no es bueno descuidar así tus libros de texto. El estudio es una de las formas de Devi Sarasvati. Deberías dedicarte a él con *shraddha* y devoción. Cuando tomas el libro en tus manos, o cuando lo dejas, trátalo con respeto y póstrate ante él. Es la enseñanza que nos ha sido transmitida.

«Si te niegas a aprender el sánscrito, ¿cómo vas a comprender nuestras Escrituras? El sánscrito es nuestra lengua materna. No podéis apreciar plenamente los Upanishads o el Gita sin conocerlo. Para entender los *mantras*, hace falta aprenderlos en esta lengua, que es la de nuestra cultura. Es imposible separar la cultura de la India del sánscrito. Es verdad que podemos comprar traducciones de esos textos, pero no es lo mismo. Para conocer el sabor de la miel, hace falta probarla en su estado puro. Si la mezclas con otra cosa, no captarás su verdadero sabor. El simple hecho de pronunciar palabras en sánscrito contribuye a nuestro bienestar mental.

«Pero, hijos míos, es importante que no aprendáis sánscrito sólo para hacer ostentación de vuestros conocimientos. Vuestro objetivo debe ser el de progresar en vuestro refinamiento mental. Considerad el sánscrito como un medio para conseguirlo. Si en un periódico veis publicidad que anuncia la venta de mangos, lo interesante es ir a comprarlos y comerlos, y no sólo mirar fijamente la imagen en el periódico. Pero no te preocupes, hijo. A partir de ahora, trata de mostrar más diligencia en el estudio del sánscrito.

«Conviene conocer esta lengua, pero de nada sirve pasar la vida entera aprendiendo la gramática. Si hoy en día presumes de tus conocimientos de sánscrito, la gente apenas sabrá apreciarlo. Las Escrituras surgieron de las mentes de los sabios que vivían con austeridad (*tapas*). La austeridad nos proporciona una visión clara y transparente. El que se entrega a ella puede aprender en un día lo que una persona ordinaria en diez. Por lo tanto, es fundamental hacer *tapas*. El sánscrito y el Vedanta tienen igualmente su importancia, es necesario estudiarlos, pero con la intención de conocer el objetivo de nuestra vida y el camino que conduce a él. Una vez que lo conocemos, hemos de avanzar por ese camino.

«En una estación de ferrocarril, consultamos los horarios, compramos el billete y abordamos el tren. Muchos de los que se consideran sabios se conforman con quedarse en la estación y memorizar los horarios de los trenes. No hacen uso de sus conocimientos.

«Si tenemos un gran saco de azúcar, ¿hace falta comer todo su contenido para saber que es dulce? Cuando tenemos hambre, sólo tenemos que tomar lo necesario para calmarla. No necesitamos consumir todo lo que hay en la despensa. Los que se llaman eruditos tienen otro concepto. Parecen querer comérselo todo, y con ello arruinan su vida.

«Casi todos los sabios poseen sólo erudición, mas ninguna experiencia espiritual. ¿Resultado? Que a pesar de haber estudiado hasta los noventa años, no se han liberado del sufrimiento. La mayoría de ellos se queda en casa y vive en el recuerdo de lo que ha estudiado. Si hubiesen aprendido lo necesario entregándose al mismo tiempo a la austeridad, sus conocimientos les habrían beneficiado a ellos mismos y al mundo. Por eso Amma afirma que debéis poseer ciertos conocimientos sobre las Escrituras, pero también practicar *tapas*. Solo ello os dará acceso a la experiencia, os proporcionará paz y os permitirá actuar en beneficio del mundo.

«Cuando hayáis estudiado y adquirido fuerza con la ayuda de vuestra disciplina espiritual, servid a los demás y con ello salvaréis a mucha gente. Algunos se quedan sentados frente al templo leyendo el Gita y los Upanishads, pero retroceden ante todo el que se acerque a ellos, exclamando: '¡No me toques! ¡No me toques!' ¿Qué devoción es ésa? Una grabadora reproduce las palabras que otros han pronunciado. De esta forma repiten las palabras de sabiduría de los *rishis*, pero son incapaces de aplicar este conocimiento en su vida. Son incapaces de mostrar amor, no están libres de la vanidad ni de la envidia. ¿De qué sirve semejante erudición? Hijos míos, debemos amar a nuestros semejantes y mostrar compasión hacia los que sufren. De lo contrario, nunca encontraremos a Dios. Si no amamos a los demás, sólo seremos unos egoístas».

Un *brahmachari* que escuchaba, preguntó: «Si la meditación nos da acceso al verdadero conocimiento, ¿por qué no meditar siempre? ¿Para qué sirven los estudios? ¿Para qué sirve el *karma yoga*?»

Amma: «Correcto. Pero ¿quién puede meditar sin interrupción? Si mantenemos la postura durante una hora, ¿conseguiremos concentrarnos cinco minutos? Por eso Amma os dice que sirváis al mundo después de haber meditado. No debe uno adormecerse con el pretexto de meditar y convertirse en una carga para el mundo. Resulta que hemos nacido en esta tierra, y tenemos que aportar algún beneficio al mundo antes de abandonarlo.

«Si alguien puede meditar veinticuatro horas al día, perfecto. Amma no le enviará a ningún sitio. Le procurará todo aquello que necesite. Pero una vez sentados para meditar, hay que meditar realmente. Si la mente vaga por mil lugares distintos, eso no es meditación. Para meditar hace falta que la mente se fije en Dios. Si trabajáis recordando a Dios y cantando vuestro *mantra*, eso también es meditación. La meditación no consiste únicamente en permanecer sentados, inmóviles».

Br: «Amma, ¿cómo sugieres que sirvamos al mundo?»

Amma: «En estos tiempos la gente anda perdida, ha olvidado el sentido de nuestra cultura. Debemos hacerles comprender lo que significa el verdadero *samskara*. Un gran número de personas sufre pobreza, sea material o espiritual. Esforcémonos por remediarla. Si no tenemos comida para repartir a los hambrientos, tenemos que salir a pedir para ellos. Esa es la verdadera fuerza. No se trata de hacer *tapas* con el único propósito de nuestra liberación, sino para obtener la fuerza necesaria para servir al mundo. Cuando seamos todo lo compasivos que hace falta para ello, la realización de Dios estará cerca. Accederemos más rápidamente al objetivo sirviendo con compasión que consagrándonos exclusivamente a la austeridad. (Riendo) Pero ¿de qué sirve alguien que, con el pretexto de hacer *tapas*, se queda sentado, medio dormido, sin servir a nadie?»

Br: «Amma, permite primero que descubramos quiénes somos. ¿No puede esperar el servicio al mundo? En la actualidad hay muchos que dicen estar al servicio de los demás, pero las cosas apenas han cambiado. Por otro lado, ¿no es verdad que un solo individuo que consiga la liberación puede cambiar el mundo entero?»

Amma cerró los ojos, volviendo un momento su mirada al interior. Lentamente, volvió a abrir los ojos.

Amma: «Hijos míos, si decís que no podéis servir, que sólo deseáis la liberación, ¡arded en el deseo por ella! Los que desean con esa intensidad, no se olvidan de Dios ni un solo segundo. Comer y dormir no significa nada para ellos. Sus corazones arden en deseo por Dios».

Recuerdos de la infancia de Amma

Las lágrimas arrasaron sus ojos. Ella habló de recuerdos y de algunas escenas conmovedoras de su infancia.

Amma: «Desde que empezó a buscar a Dios, Amma se vio sumergida en un intenso dolor. Sus lágrimas no cesaban de correr; nunca dormía. Cuando se ponía el sol, su corazón se estremecía. ¡Un día más que pasaba en vano! ¡Otro día malgastado sin conocer al Señor! El dolor era insoportable. Permanecía despierta toda la noche, pensando que así el día no quedaría definitivamente perdido. No dejaba de hacerse esta pregunta: '¿Dónde estás? ¿Dónde estás?' Incapaz de soportar el sufrimiento de verse privada de su visión, mordía y desgarraba su propio cuerpo. A veces rodaba por el suelo llorando y gritando los nombres divinos. Espontáneamente se deshacía en llanto. Nunca tenía ganas de reír. ¿Para qué reír si no conocía a Dios? '¿Cómo podría regocijarme sin conocerte? ¿Para qué comer si no te conozco? ¿Para qué lavarme?' Así transcurría cada día para Amma».

Se detuvo un momento, y luego prosiguió: «Cuando vuestro desapego es profundo, podéis llegar a aborrecer el mundo. Pero también es preciso trascender esta etapa, para ver que todo es Dios.

«Amma experimentaba en su infancia un gran amor por los pobres. Cuando tenían hambre, sustraía alimentos de su casa y se los daba. A continuación, en su dolor de estar separada de Dios, se volvía contra el mundo entero. Se llenaba de ira contra la naturaleza y decía: '¡No te quiero, Madre Naturaleza, porque nos obligas a realizar malas acciones!' Escupía a la Madre Naturaleza y profería todo tipo de insultos que acudían a su mente. Se convirtió en una especie de locura.

«Cuando le ponían comida delante, escupía en ella. Era una situación muy difícil. Estaba llena de cólera hacia todo. Tenía ganas de arrojar lodo a todo aquel que se le acercara. Cuando veía a un ser que sufría, pensaba que se debía a su egoísmo y que así cosechaba los frutos de su *karma*. Pero su actitud pronto cambió. Pensaba: 'La gente comete errores por ignorancia; si les perdonamos y les amamos, dejarán de hacerlo. Si nos encolerizamos contra ellos, volverán a las andadas, ¿no es así?' Entonces el corazón se le llenaba de compasión. Su cólera desapareció instantáneamente».

Amma permaneció unos momentos absorta en meditación. Cada uno imaginaba las escenas que ella acababa de evocar. La madre naturaleza, que había sido testigo de estos incomparables momentos, se hallaba también serena y silenciosa.

Amma dijo con voz grave: «Hijos míos, vuestro corazón debería latir y anhelar continuamente a Dios. No debéis olvidarle ni un solo instante. Solo los que tienen esta actitud se salvarán».

Los consejos de Amma sobre el desapego y la sed de liberación conmovieron los corazones de todos. Permanecieron en silencio, olvidados del mundo exterior.

Capítulo 4

Brahmacharis y padres de familia

Algunos devotos esperaban a Amma frente a la sala de meditación. Después de dar instrucciones a los *brahmacharis* sobre la manera de meditar, Amma salió y saludó a los visitantes: «¿De dónde venís, hijos míos?»

Devoto: «De Kollam, Amma».

Amma: «¿Habías venido antes?»

Devoto: «Dos o tres veces lo he intentado, pero siempre surgía algún imprevisto y no he podido venir. Después de todo, ¿no es verdad que para recibir darshan de un *Mahatma*, no basta con decidirlo? A menudo voy a Kanyakumari por asuntos de trabajo, pero aún no he podido ver a Mayiamma. Ignoro por qué. Suelo frecuentar los ashrams. El año pasado, toda la familia fue a Rishikesh».

Amma: «Tienes tiempo para hacerlo a pesar de todas tus obligaciones profesionales; eso en sí es una bendición divina».

Devoto: «Es mi único apoyo. De no ser así, no podría dormir en paz, con todas las actividades profesionales que he de realizar. Mis contactos con los ashrams y los *sannyasis* me ayudan a enfrentarme a los problemas que se me presentan en la vida y me dan paz. De otro modo, hace tiempo que me habría hundido en el alcohol».

Amma: «¡Oh, Shiva! ¡Shiva!»

Devoto: «Amma, aunque haya visitado numerosos ashrams, nunca he encontrado un ambiente tan impregnado de la esencia divina como aquí. Tampoco he visto nunca en un ashram tantos jóvenes residentes».

Amma: «Los hijos que están aquí conocieron a Amma cuando estaban estudiando o trabajando. Lo dejaron todo y vinieron a vivir junto a ella, aunque la mayoría de ellos no sabía nada de espiritualidad ni de meditación. Después de su encuentro con Amma, parecían haber sido presas de una especie de locura. Ya no podían dedicarse a su trabajo o a sus estudios. Se olvidaban de comer o de lavarse la ropa. Ya nada les preocupaba y no dejaban a Amma ni un solo instante. Ella intentó disuadirlos, pero ninguno se fue. Entonces ella tuvo que darse por vencida y aceptarlos a todos. Aunque Amma lo sea todo para ellos, necesitan seguir un sadhana. Hoy en día, gracias a su amor por ella, el mundo exterior ya no les interesa, pero no podrán conservar este estado anímico sin *sadhana*.

«Y puesto que se han refugiado en ella, ¿no es deber de Amma cuidar de ellos en todos los sentidos? Al principio, tenía más tiempo para ocuparse de ellos, pero ahora, dado el creciente número de devotos, no puede dedicarles la suficiente atención. Por eso, cuando tiene tiempo, se sienta y medita con ellos, como acaba de hacerlo ahora mismo. Además, cuando tienen un problema, les dice que lo hablen con ella de inmediato. No tienen que esperar a que ella tenga un momento libre. Después de todo, es su única madre, padre y *gurú*».

Devoto: «Amma, lamento mi condición de padre de familia. ¿Puedo así alcanzar la realización del Ser?»

Amma: «Hijo mío, a los ojos de Dios no hay ni padres de familia ni *brahmacharis*. Él sólo ve tu mente. Puedes llevar una vida auténticamente espiritual siendo el padre de tu familia. Podrás probar la dicha del Ser, pero tu mente debe asirse a Dios en cada instante. De ese modo alcanzarás fácilmente la felicidad. Un ave que busca comida, piensa sólo en sus polluelos que dejó en el nido. De la misma manera, mantén tu mente fija en Dios mientras te ocupas de tus actividades en el mundo. Lo esencial es estar completamente dedicado a Dios o al *guru*. Con esta total dedicación, la meta estará cerca.

«Un gurú acompañado de sus discípulos llegó un día a una aldea a impartir su enseñanza. Un hombre de negocios acudía a diario con su familia para escuchar sus discursos. Cuando terminaron los *satsangs*, se había convertido en devoto del *gurú*. Decidieron ir todos a vivir cerca de él.

«Cuando el Maestro llegó a su ashram, vio que le esperaban el hombre de negocios y su familia y le comunicaron su decisión. El Maestro les explicó las dificultades de la vida monástica, pero como eso no les hizo cambiar de idea, terminó por aceptar. El hombre de negocios y su familia se convirtieron de este modo en residentes del ashram.

«Participaban en el trabajo comunitario como los demás. Sin embargo, a los otros discípulos les disgustaba la presencia de una familia en el ashram. Empezaron a quejarse del hombre de negocios y de su familia. El *gurú* decidió demostrar a los discípulos el grado de entrega de este hombre. Le mandó llamar y dijo: 'Has dejado tu casa y tu fortuna, y ahora no tienes nada. Pero desgraciadamente, los recursos del *ashram* son insuficientes. Nos las arreglamos porque los *brahmacharis* trabajan duro. Todo sería más simple si fueras soltero. Pero resulta difícil asumir los gastos de tu mujer y tus hijos. A partir de mañana, saldrás a ganarte la vida para sostenerlos'. El devoto aceptó. Al día siguiente, encontró trabajo y cada tarde traía su salario al *gurú*. Al cabo de unos días, los discípulos volvieron a quejarse. El Maestro mandó llamar de nuevo al padre de familia: 'El dinero que traes basta para pagar tus gastos, pero no los de tu mujer e hijos. Como el ashram ha cubierto hasta este momento vuestras necesidades, debes trabajar el doble y así reembolsar tu deuda. Sólo así podréis comer aquí tú y tu familia'.

«El devoto llamó a su mujer e hijos y les explicó: 'Hasta que hayamos pagado la deuda no debemos comer nada aquí. Sería una carga para nuestro Maestro, y por lo tanto, un pecado. Yo os traeré comida por la noche. Tened paciencia hasta entonces'. Ellos aceptaron. A partir del día siguiente, trabajó desde el amanecer hasta muy entrada la noche y todo lo que ganaba se lo entregaba al *gurú*, compartiendo con su mujer y sus hijos la comida que encontraba en su trabajo. A veces no había nada y la familia tenía que ayunar.

«Los demás discípulos se asombraban al ver que, a pesar de estas dificultades, el devoto y su familia seguían en el ashram. Fueron una vez más a quejarse: 'Ahora el hombre de negocios llega muy tarde por la noche. Gana dinero trabajando afuera, mientras su mujer y sus hijos se quedan cómodamente en el ashram. ¡Menuda vida!'

«Aquella noche, el *gurú* esperó al devoto. Cuando llegó y se postró a sus pies, el Maestro le dijo: «¡Eres un tramposo! No te inclines ante mí. Dejas aquí a tu familia mientras acumulas una fortuna personal trabajando en el exterior, declarando que todas tus ganancias las entregas al ashram». El devoto nada respondió. Escuchó al *gurú* con las manos unidas y luego, sin decir una sola palabra, se retiró a su habitación.

«Aquella misma noche, el Maestro llamó a los discípulos y les dijo: 'Mañana habrá una fiesta en el ashram y no tenemos leña. Es necesario que uno de vosotros vaya inmediatamente a buscarla al bosque. La necesitamos antes del amanecer'. Después fue a acostarse. ¿Quién querría ir al bosque en plena noche? Los discípulos despertaron al devoto. Le transmitieron la orden del *gurú*: tenía que ir de inmediato a buscar leña para la fiesta del día siguiente. El devoto salió gustoso hacia el bosque, mientras los demás se iban a dormir.

«Al día siguiente muy temprano, el Maestro, al ver que no estaba, llamó a los discípulos y preguntó por él. Respondieron que había ido a buscar leña. El Maestro y los discípulos fueron en su busca. Recorrieron todo el bosque sin encontrarlo. Finalmente, oyeron una voz que respondía a su llamada. En la oscuridad, el devoto había resbalado y se había caído en un pozo cuando acarreaba la leña. Aunque no era muy profundo, era difícil salir de él sin ayuda. Además, como no había comido nada desde hacía varios días, el pobre hombre no tenía fuerzas para salir con su carga.

«El Maestro pidió a los discípulos que lo sacaran del pozo. Estaba muy oscuro. Al alargarle las manos tocaban la leña. Le dijeron al devoto que estirara los brazos, pero él respondió: 'Si lo hago, la leña caerá al agua. Os la daré primero para que no se moje. Dádsela enseguida a nuestro *guru*. Es para la fiesta de esta mañana. Después podréis sacarme'.

«Ante semejante entrega, los ojos del Maestro se llenaron de lágrimas; les pidió a los demás que lo sacaran inmediatamente del pozo, pero él no aceptó hasta que alguno de ellos hubiese sacado primero la leña. El Maestro abrazó al discípulo, que temblaba de frío tras haber permanecido tanto tiempo en el pozo. Su amor desinteresado y su abandono le conmovieron hasta el punto de bendecirle de inmediato, otorgándole la realización».

«Hijos míos, el hecho de ser *grihasthashrami* no es obstáculo para alcanzar la realización. Sea uno *brahmachari* o padre de familia, lo que cuenta es nuestra fe y entrega al *guru*».

Unos momentos con los brahmacharis

El *brahmachari* Ramakrishna le trajo a Amma un poco de agua. Por el movimiento de sus labios se podía ver que repetía constantemente su *mantra*.

Amma suele insistir en que la persona que cocine para ella y le sirva la comida se concentre en su *mantra*. Un día que Bri. Gayatri le trajo un poco de té, Amma le devolvió la taza diciendo: «Mientras preparabas el té, no estabas concentrada en lo que hacías ni en tu *mantra*. Pensabas en Australia. Bébetelo tú».

Bri. Gayatri volvió a la cocina sin decir palabra, acordándose que mientras preparaba el té estuvo hablando con una *brahmacharini* sobre su juventud en Australia. Volvió a prepararlo, esta vez con *shraddha* y repitiendo su *mantra* sin interrupción. Al beberlo, Amma manifestó: «Tu corazón está aquí. Eso, más que el sabor del té, es lo que me induce a beberlo».

Ramakrishna se postró ante Amma y se sentó cerca de ella. La víspera, cuando cruzaba el remanso de mar, oyó que uno de los pasajeros del transbordador hablaba mal del ashram. Ramakrishna no pudo soportarlo y reaccionó vivamente. Cuando le contó el incidente a Amma, ella le dijo:

«Hijo mío, eres feliz cuando todo el mundo alaba a Amma y ellos te muestran su amor. Te complace que los demás aprueben lo que dices. Lo bebes todo en pequeños sorbos como el néctar. Aquí vienen miles de personas, de ellos tal vez dos o tres hablen mal de nosotros. Es una ocasión para examinarnos. Veamos hasta qué punto somos pacientes en esta circunstancia. No debemos enfadarnos con ellos. Si montamos en cólera y les decimos que no vuelvan más, ¿en qué les ha beneficiado nuestra vida?

«Cada uno de nuestros actos debe beneficiar al mundo. Lo que demuestra la habilidad del docente es el éxito con los peores alumnos, que normalmente son incapaces de aprender nada.

Nuestra vida habrá sido útil si logramos cultivar y cosechar en una tierra yerma, cubierta de maleza y de basura.

«La gente con la que te encontraste ayer viaja por la superficie del mar. Sólo quieren peces. No podemos imitar su comportamiento porque nosotros buscamos perlas. Si nos sumergimos en lo profundo y buscamos con cuidado, tal vez encontremos una.

«Ellos hablaban por ignorancia, pero si reaccionamos con ira, ¿quién es el ignorante? Si metemos tanto ruido como ellos, ¿qué opinión se harán de nosotros? Debemos estar alerta y conservar la calma cuando los demás nos muestran hostilidad o hablan mal de nosotros. Es una forma de *sadhana*, una buena ocasión para calibrar nuestra paciencia. Deberíamos acoger esas situaciones con ecuanimidad».

Un *brahmachari* mencionó el caso de tres personas, residentes en un ashram del norte de la India, que recientemente habían venido al ashram y deseaban vivir allí.

Amma: «Un visitante les había prestado un ejemplar de la biografía de Amma. Al leerla, quisieron venir cerca de Amma. Inventaron algún tipo de pretexto para salir de su ashram y viajar hasta aquí. Amma tuvo que mostrarse firme para que volvieran. No podemos permitir que se queden aquí aquellos que vienen de otros ashrams sin el permiso expreso de las autoridades de las que dependen».

Mientras tanto, se había congregado un grupo de devotos alrededor de Amma; ella los llevó a la cabaña para el *darshan*.

La Madre que alimenta a sus hijos

Amma suele insistir a menudo en la importancia de los votos y observancias en la vida de un buscador espiritual. Los votos son un medio de vencer la mente; sin embargo, ella se opone a que alguien se convierta en esclavo de un voto o norma. Concede particular importancia al ayuno y al voto de silencio. Ella les había pedido a los residentes del ashram que ayunaran y, en lo posible, que guardaran silencio todos los sábados. Esta práctica se seguía regularmente. Algunos guardaban silencio durante todo el día y sólo hablaban con Amma, mientras otros lo mantenían hasta las seis de la tarde. Todos debían permanecer en la sala de meditación hasta el crepúsculo. Nadie debía salir del ashram. Un sábado a las siete de la mañana, Amma hizo entrar a todos a la sala de meditación y después cerró la puerta por fuera. Ella les había manifestado con anterioridad que deseaba que el día se dedicara enteramente a hacer *japa* y meditación. Todo el mundo se sentó y enseguida quedó inmerso en la meditación. Abrieron los ojos a las nueve de la mañana al oír la voz de Amma.

«Hijos míos...»

Había delante de cada uno un vaso de café azucarado, un poco de *aval* (copos de arroz) y dos plátanos. Amma se quedó frente a ellos, sonriendo.

«Hijos, reanudaréis vuestra meditación cuando hayáis comido esto».

Cerró la puerta al salir. Ellos comieron el *prasad* de Amma con mucha devoción y después reanudaron su *japa* y su meditación.

Sonó una campana. Los *brahmacharis* se miraron asombrados unos a otros, porque era la campana de la comida. Eran las doce y media. El monje que solía cocinar estaba entre ellos, meditando, así que la pregunta era: '¿quién ha hecho hoy la comida? ¿Qué nuevo *lila* (juego divino) de Amma era éste?' Mientras todos se hacían preguntas, un devoto vino a informarles que Amma les llamaba a comer. Ella les esperaba en el comedor. Había colocado sus platos en el sitio habitual, había servido el arroz y las verduras y colocado un vaso de agua junto a cada plato. Lo único que tenían qué hacer era comer. Había un plato adicional de verduras, ¡regalo especial de Amma! Ella misma les sirvió mientras comían.

A los devotos, Amma les relató: «Cuando Amma salió después de haber encerrado a sus hijos en la sala de meditación, se puso a pensar en lo cruel que había sido con ellos por hacerles ayunar. En la cocina, viendo que no había comida, preparó un poco de café y de *aval*, y encontró plátanos. Ella lo colocó todo delante de ellos, pensando que si salían, su mente se distraería. También quería mostrarles que si nos refugiamos plenamente en Dios, Él pondrá delante de nosotros aquello que necesitamos.

«Después, Amma volvió a la cocina para preparar el arroz y las verduras. Como les había dicho que nadie debía salir, todos se quedaron en la sala de meditación. Hacía mucho tiempo que Amma no cocinaba para sus hijos. Finalmente hoy tuvo la ocasión de hacerlo. Amma está dispuesta a ayunar indefinidamente, pero no tiene entrañas para privar de alimento a sus hijos. Como el número de devotos aumenta, ahora tiene menos tiempo que antes para ocuparse de los residentes. Sabe que Dios cuida de que no les falte nada».

Un *brahmachari* se detuvo cuando iba hacia la sala de meditación. Escuchó pasos detrás de él y se volvió. Amma avanzó hacia él, con la sonrisa en los labios. El *brahmachari* Rao[11] iba con ella.

«¿En qué pensabas?», le preguntó.

«Me acordaba de la forma en que nos hizo ayunar un sábado, hace varias semanas».

Amma: «¿Por qué te has acordado de eso hoy?»

Br: «Hoy es sábado, ¿no es así?»

Amma: «No te quedes allí perdiendo el tiempo. Es la hora de la meditación».

Amma entró con ellos a la sala de meditación.

Amma dijo a los *brahmacharis* que la esperaban: «Hijos, no intentéis aquietar la mente por la fuerza cuando os disponéis a meditar. Si lo hacéis, los pensamientos volverán diez veces más

---

[11] Swami Amritatmananda.

fuertes. Es como si os apoyarais sobre un resorte. Intentad encontrar la fuente de los pensamientos para lograr controlarlos a partir de ese conocimiento. No sometáis la mente a ninguna tensión. Si una parte de vuestro cuerpo está tensa o duele, vuestra mente se quedará allí, ociosa. Relajad todo el cuerpo y observad vuestros pensamientos con la mente muy alerta. Luego se aquietará por sí sola.

«No deis rienda suelta a los pensamientos. Si los seguís, sólo vuestro cuerpo estará presente; la mente estará en otra parte. ¿Habéis visto alguna vez los coches que circulan por un camino lleno de polvo? Levantan enormes polvaredas que los envuelven totalmente. Si vais detrás de uno, os llenará de polvo. Aun si os quedáis al borde del camino, el polvo os cubrirá. Por lo tanto, cuando veáis llegar un coche, manteneos a distancia. Así es como debéis contemplar vuestros pensamientos: de forma distante. Si nos acercamos demasiado, nos arrastran tras ellos sin darnos cuenta. Pero si los vemos de lejos, veremos que el polvo se posa y vuelve la calma».

Amma y Ottur

Ottur Unni Nambudiripad, gran devoto de Krishna y célebre poeta, vino a vivir al ashram. Tenía ochenta y dos años y una salud muy frágil. Su único deseo era morir en los brazos de Amma. Le asignaron una habitación construida sobre la celda de meditación, justamente detrás del *kalari*.

Eran las nueve de la noche cuando Amma apareció en la habitación de Ottur. Allí se encontraban algunos *brahmacharis*. Aunque Amma intentó impedirlo, Ottur se arrodilló con grandes dificultades y se postró ante ella. Amma le ayudó a levantarse e hizo que se sentara en la cama. Ella se sentó a su lado ya que, si permanecía de pie, él se negaría a sentarse.

Ottur: «Amma, ¡di algo te lo ruego! ¡Déjame escuchar tus palabras!»

Amma: «Pero tú lo sabes todo, hijo mío».

Ottur: «Este hijo ocasiona muchas molestias a los *brahmacharis*, ¿no es verdad?»

Un *brahmachari*: «¡Qué va! ¡En absoluto! Es una gran oportunidad para nosotros poder servirte. ¿Dónde, si no, tendríamos *satsangs* tan buenos?»

Amma: «En efecto, en vuestras oraciones pedid ante todo la oportunidad de servir a los devotos del Señor. Es la única forma de llegar a Él».

Seva y sadhana

Br: «Pero, Amma, ¿no es verdad que el servicio, por grande que sea, sólo es *karma yoga*? Shankaracharya afirma que si bien el *karma yoga* purifica la mente, sólo a través de *jnana* se alcanza la realización del Ser».

Amma: «El Ser no solamente se encuentra en vuestro interior, sino que es inmanente en todo el universo. No alcanzaremos a realizar el Ser hasta que veamos la unidad de todas las cosas. No entraremos en el mundo de Dios sin la firma de la más pequeña de las hormigas en nuestra solicitud de ingreso. Además del recuerdo de Dios, la primera condición es amar todo y a todos, lo animado y lo inanimado. Si tenemos esa grandeza de corazón, la liberación está cerca.

«Vamos al templo, damos tres vueltas alrededor del santuario y nos postramos ante la divinidad; pero al salir, ¡miramos con desdén al mendigo que está en la puerta! Así es nuestra actitud actual. Mereceremos la realización cuando seamos capaces de ver hasta en ese mendigo a Aquel ante quien acabamos de postrarnos. Mientras trabajamos en el mundo, debemos servir a los demás viendo en ellos a Dios. Así aprenderemos la humildad y el respeto. De nada vale si actuamos con el sentimiento: '¡Estoy sirviendo al mundo!' Lo que hacemos con esta actitud, nada tiene que ver con el *seva*. El verdadero servicio significa que vuestras palabras, vuestra sonrisa y vuestros actos llevan el sello del amor y de la actitud: «Yo no soy nada».

«Los seres humanos desconocen su verdadera esencia. Contemplad los pajarillos que viven junto al estanque. Ignoran que tienen alas. No desean volar alto y disfrutar del néctar de las flores que se abren en los árboles que rodean el estanque. Se conforman con vivir en el fondo del estanque. Si se remontaran por los aires y pudieran probar ese néctar, ya no volverían a bajar al fango. La gente vive así, ignorando la dicha que produce el amor puro de Dios. Nuestro objetivo es hacerles conscientes y guiarles hacia su verdadera naturaleza. Es nuestro deber para con el ashram».

Br: «¿Cómo podemos servir desinteresadamente sin conocer la verdad del Ser?»

Amma: «Hijos míos, servir es también una forma de *sadhana*. Si proclamáis que habéis alcanzado la perfección después de un *sadhana* llevado a cabo en una ermita aislada, Amma no lo aceptará. Si queremos eliminar a los enemigos que se ocultan en lo más recóndito del corazón, necesitamos servir al mundo. Sólo entonces conoceremos la eficacia de nuestra meditación. Si alguien se enfada con nosotros, podremos ver si aún hay ira en nuestro interior.

«Aislado en la espesura del bosque, el chacal piensa: 'Ahora soy fuerte. La próxima vez que vea un perro, no aullaré'. Pero en el momento mismo en que ve a uno, se olvida de todo y aúlla como es su costumbre. Cuando nos mezclamos con los demás, debemos mantenernos por encima de la ira en circunstancias en las que ellos se dejan arrebatar por ella. Ello será indicio de nuestros progresos.

«En los estudios, no siempre bastan las buenas notas para obtener un trabajo. Para ello, tenéis que hacer excepcionalmente bien la prueba a la que se someten miles de aspirantes. De igual modo, una vez que hayáis alcanzado cierto nivel a través de la meditación, debéis servir a la sociedad. Cuando tengáis la fuerza para soportar todo tipo de burlas e insultos, Amma considerará que habéis llegado a la plenitud, no antes.

«Hasta un conductor inexperto puede conducir un coche en un paraje desierto. Su habilidad al volante sólo se demostrará cuando conduzca sin dificultades en medio de una densa circulación. No se puede afirmar que alguien es valiente porque permanece en soledad y realiza prácticas espirituales. La persona verdaderamente valerosa es la que, aunque ocupada en diversas tareas, avanza sin dejarse perturbar por la adversidad. Ella sí merece que la llamen sabia. Ninguna circunstancia destruye su ecuanimidad.

«El servicio debe considerarse un *sadhana* y una ofrenda al Señor. Entonces, cuando alguien se enfrenta a nosotros, tal vez experimentemos una ligera hostilidad, pero podremos eliminarla a través de la contemplación: '¿Qué he aprendido de las escrituras? ¿Hacia qué mundo (espiritual o material) me dirijo? ¿Cómo puedo experimentar rencor hacia esta persona si afirmo que no soy mi cuerpo ni mi mente, sino mi alma?' Debemos hacer con frecuencia este examen de conciencia. Terminaremos por no enfadarnos con nadie. Sentiremos remordimiento y ello hará que volvamos al camino recto».

Br: «No reaccionar cuando los demás muestran hostilidad ¿no es acaso darles la ocasión de actuar mal y emplear un lenguaje grosero? ¿Es mejor quedarse callado, pensando que somos el *atman*? ¿No tomarán ellos nuestra paciencia por debilidad?»

La No-dualidad en la vida diaria

Amma: «Debemos ver a Brahman en todas las cosas; pero también debemos emplear nuestra capacidad de discernimiento para actuar correctamente en cada caso. Imaginad que vamos por el borde del camino y un perro viene corriendo hacia nosotros, seguido de una multitud que grita: '¡El perro tiene rabia!' El perro rabioso no tiene discernimiento y si nos encuentra en su camino, nos morderá. Luego, es mejor apartarnos, o tal vez armarnos de un buen palo. Amma no nos aconseja cerrar los ojos ante esta amenaza. Sin embargo, tampoco tenemos que golpear al perro sin necesidad, porque éste no distingue el bien del mal. Al apartarnos, no le damos ocasión de mordernos.

«Dicho de otro modo, no consideremos como Brahman sólo al perro, sino también a los que nos advierten sobre él. Cada uno en el grado que le corresponde. Si hacemos caso omiso de las advertencias y no nos movemos, ciertamente el perro nos morderá. De nada sirve lamentarlo después.

«Hijos, debemos emplear nuestro discernimiento en toda situación. Un buscador espiritual no debe ser débil jamás. Pensad en un niño pequeño, por ejemplo nuestro Shivan (sobrino de Amma). Hace muchas travesuras que de vez en cuando merecen unos azotes, pero no estamos enfadados con él. No lo hacemos por rencor. Es sólo un crío, y sabemos que comete errores por ignorancia.

«Sin embargo, si hoy le castigamos, mañana pondrá más atención; le hacemos ver que estamos muy enfadados. Esa debe ser nuestra actitud. Es necesario frenar a los que actúan sin discernimiento, pero sin perder nuestra ecuanimidad. Incluso cuando externamente mostramos nuestro disgusto, debemos amarlos y desear que se corrijan. Esta actitud nos ayudará a avanzar.

Un *sadhak* debe tener apariencia de león y ser en su interior como una flor. Su corazón debe semejarse a una flor que se abre y nunca se marchita. Pero exteriormente debe poseer el valor y la fuerza de un león. Entonces tendrá la capacidad de guiar al mundo. Pero durante su período de *sadhana*, su actitud debe ser la del más humilde de los servidores, la de un mendigo, que cuando busca su comida y sólo recibe insultos, se aleja sin enfadarse. Así es como progresará. Hijos míos, sólo un ser valeroso tiene paciencia. Esta actitud del mendigo durante el *sadhana* desarrollará su valentía. La semilla del valor sólo puede germinar en la buena tierra de la paciencia.

El viejo Unikannan (Krishna bebé, como solía llamar Amma a Ottur) estaba sentado en la cama, inclinado hacia delante, escuchando con el rostro radiante de gozo las palabras de Amma, dulces como la ambrosía. Cuando vio que ella se levantaba para marcharse, se postró allí mismo y le ofreció un paquete que contenía azúcar. Este azúcar había sido ofrecido al Señor en el templo de Guruvayur. (Ottur mantuvo casi toda su vida frecuentes contactos con este templo, y siempre guardaba un poco del *prasad* proveniente de este lugar.) Amma le distinguió sirviéndole a él primero. Con gran delicadeza, puso en su lengua un poco del azúcar bendecido.

Una lección de cocina

Martes 24 de septiembre de 1985

Eran más de las cinco de la tarde. Una *brahmacharini* cortaba verduras para la cena. Además, tenía que levantarse cada cinco minutos para mantener el fuego encendido. Amma entró en la cocina y al verla, le dijo que fuera a ocuparse del fuego, que ella se encargaría del resto. Y Amma se puso a cortar las verduras. Algunas personas acudieron a ayudarla.

Amma: «Hijos míos, esta hija estaba aquí completamente sola tratando de arreglárselas para atender el fuego y cortar verduras. Nadie vino a ayudarla. Pero ahora, en cuanto Amma aparece, venís todos. Hijos, el *sadhana* no consiste en quedarse tranquilamente sentado sin hacer nada. Cuando los demás no dan abasto, deberíais sentir compasión, ganas de ayudar. El objetivo del *sadhana* es desarrollar una mente profundamente compasiva. Una vez lo lográis, lo tendréis todo. Si Amma está presente, todo el mundo llega corriendo. Esa no es verdadera devoción. La persona que es capaz de amar a todo el mundo por igual es la que realmente siente amor por Amma».

Un *brahmachari*: «Amma, el otro día vine a la cocina a ayudar, pero lo que conseguí fue una reprimenda».

Amma: «Sin duda habrás hecho alguna trastada».

Brahmachari: «Creo que corté las verduras en trozos demasiado grandes».

Amma y los demás se echaron a reír. Amma llamó a la *brahmacharini*.

Amma (que aún reía): «¿Reñiste a este hijo el otro día, a pesar de haber venido para echarte una mano?»

Brahmacharini: «Es verdad que vino, pero el único resultado es que tuve que trabajar el doble. Le dije que cortara en pequeños trozos, pero él lo hizo en trozos demasiado grandes y tuve que volver a cortarlo todo. Me llevó el doble de tiempo. Le dije que si iba a trabajar así, era mejor que no viniese».

Amma: «Pero él no está acostumbrado a hacer este tipo de trabajo. Debiste haberle mostrado cómo querías que lo hiciera. No sabe cortar verduras porque en su casa no hacía ningún trabajo».

Amma explicó a todos cómo cortar verduras. Cuando terminó la lección, el trabajo se acabó. Una *brahmacharini* trajo un poco de agua, Amma se lavó las manos y se marchó.

Amma bendice una vaca

Amma se dirigió al establo. Los que la seguían tuvieron ocasión de ver una sorprendente escena. Se arrodilló junto a una vaca ¡y se puso a beber directamente de la ubre! El animal dejaba fluir generosamente su leche, que caía por el rostro de Amma cuando cambió de ubre. Los ojos de la vaca, dichosa por alimentar a la Madre del mundo, parecían decir: «He realizado todas mis austeridades para llegar a vivir este momento. El objetivo de mi vida se acaba de cumplir».

Amma se levantó y se secó el rostro con la punta del sari. Al ver que sus hijos la rodeaban, manifestó: «Hace mucho tiempo que esta vaca tenía el deseo de alimentar a Amma».

Amma cumple hasta los silenciosos deseos de un animal. ¡Qué alma tan bendita la de esta vaca!

Amma prosiguió: «Hace tiempo, cuando la familia y los vecinos de Amma se oponían a ella, los pájaros y los animales venían en su ayuda. Por su propia experiencia, Amma puede afirmar que si os entregáis por completo a Dios, Él se encargará de que nada os falte. Cuando no había nadie para alimentar a Amma, un perro le traía en el hocico un paquete de arroz.

«A veces Amma no comía nada en varios días. Después de meditar, caía inconsciente en alguna parte sobre la arena. Al abrir los ojos, veía que una de las vacas con las ubres repletas de leche estaba junto a ella, dispuesta a dejarla beber. Como Amma estaba agotada, el animal venía a ofrecerle su leche».

Los devotos, que lamentaban no haber presenciado aquella *lila,* al menos ese día tuvieron la ocasión de ver cómo esta vaca alimentaba a Amma.

La adoración a las divinidades y al Gurú

Cuando Amma volvía al ashram, un *brahmachari* preguntó: «Amma, ¿existen realmente las divinidades?»

Amma: «Existen en el plano sutil. Cada una de ellas representa una característica latente en nosotros. Pero debéis contemplar a vuestra deidad elegida como no distinta del Ser supremo. Dios puede tomar la forma que Él desee; para responder a los deseos de los devotos, asume numerosas y variadas formas. Las mareas del océano se producen por la atracción que la luna ejerce sobre ellas».

Br: «Amma, en lugar de adorar a las divinidades que jamás hemos visto, ¿no es mejor refugiarse en los *Mahatmas* que viven entre nosotros?»

Amma: «Sí. Un verdadero *tapasvi* tiene el poder de asumir la carga de nuestro *prarabda*. Si nos refugiamos en un *Mahatma* con devoción, nuestro *prarabda* pronto terminará. Hace falta un mayor esfuerzo para obtener el beneficio de la adoración a una divinidad o de la devoción practicada en un templo.

«Si adoramos a nuestra divinidad elegida concibiéndola como el Ser supremo, podemos alcanzar la realización. Una forma es como una escalera. Así como las sombras desaparecen en pleno día, las formas terminarán por fundirse en la no-forma. Pero si nos refugiamos en un *satguru*, nuestro camino será más fácil. Necesitamos la ayuda de un *gurú* para vencer los obstáculos del *sadhana* y para que nos muestre el camino. Un Maestro puede ayudarnos disipando nuestras dudas en momentos de crisis. El viaje se nos hará más fácil. Un niño puede hacer todo lo que quiera mientras su madre lo lleve de la mano. No se caerá, aunque levante ambos pies del suelo. El niño no debe intentar soltarse de su madre. Si no deja que lo guíen, se caerá. El Maestro acude siempre en ayuda del discípulo».

Un devoto: «¿Meditar en un *Mahatma* equivale a meditar en el Ser?»

Amma: «Si contemplamos al *Mahatma* con la mirada correcta, podemos alcanzar a Brahman. En realidad, el *Mahatma* carece de forma. Si esculpimos en chocolate la forma de un melón, sabrá a chocolate. Los *Mahatmas*, que han llegado a un conocimiento perfecto del Ser, son como Brahman que ha asumido una forma. Todas las formas y estados de ánimo que manifiestan están impregnados de dulzura».

Br: «Algunos meditan en Amma, otros en Kali. ¿Hay alguna diferencia entre ambas?»

Amma: «Si se considera la verdadera esencia, ¿cuál es la diferencia? Cualquiera que sea la forma en la que meditas, lo que importa es tu *sankalpa*, las cualidades que atribuyes a ese aspecto de lo Divino. Obtendrás el resultado correspondiente. Algunas personas meditan en una divinidad para obtener *siddhis,* lo hacen con el fin de alcanzar determinados resultados. Su concepto de la divinidad es muy limitado. Debéis ver el principio que está detrás de la divinidad. Sólo así podremos trascender la forma, los límites. Debemos comprender que todo es el Ser omnipresente, y contemplar como el Ser único la divinidad que adoramos. La diferencia reside en nuestro *sankalpa*. A veces, la gente rinde culto a una divinidad durante ciertas observancias o rituales. Eso implica únicamente el concepto de una divinidad, no a Dios.

«Toda forma es limitada. Ningún árbol toca el cielo, ninguna raíz llega a los infiernos. Nos esforzamos por alcanzar el Ser supremo. Cuando subimos al autobús, no tenemos intención de pasar allí la vida, ¿verdad? Nuestro objetivo es volver a casa. El autobús nos deja en la puerta, y nosotros hemos de caminar hasta la casa. Las divinidades nos llevan hasta el umbral del supremo *sat-chit-ananda* (ser-consciencia-felicidad); desde allí, el estado de realización no está lejos. Ni siquiera los que han trascendido todas las limitaciones abandonan el apoyo de una forma. Se dice que aun los *jivanmuktas*, los que han alcanzado la liberación en esta vida, anhelan oír el nombre de Dios».

Las palabras de Amma, que desvelaban los sutiles matices del *sadhana*, encendían una nueva luz en el alma de los oyentes. Todos se postraron dichosos ante ella, antes de reanudar sus tareas.

Domingo 13 de octubre de 1985

>*«El que contempla a todo ser en sí mismo y se percibe*
>*a sí mismo en todo lo que existe, ignora lo que es la*
>*aversión».*
>
>*-Isavasya Upanishad*

Amma se disponía a vaciar y limpiar el foso séptico de los lavabos de la hospedería, pues el tanque estaba lleno. Acababa de volver de un viaje de un día, en el que había habido *bhajans* y *darshan*. En cuanto volvió al ashram, se puso manos a la obra. No es que sus hijos se negaran a realizar este trabajo, ya que, de hecho, le habían rogado que se mantuviera al margen, pero se empeñó en hacerlo para dar ejemplo. Por lo general, siempre ocurría lo mismo. Raras veces le pedía a otro que se encargara de ese trabajo.

Amma: «A una madre no le repugna limpiar los excrementos de su bebé, puesto que se trata de 'su' bebé. Sea como fuere, debemos sentir este amor hacia todos y, en consecuencia, no sentiremos aversión ni repugnancia».

La dicha de trabajar con Amma es especial; es embriagante. Incluso en ese momento, cada uno deseaba sinceramente participar en la tarea, sin importar que el trabajo fuese duro. A nadie le preocupa saber si se trata de transportar arena, cemento o excrementos.

Amma prosiguió: «En otros tiempos no se disponía de lavabos para los devotos que venían al *darshan*. La primera tarea de los hijos más antiguos consistía pues en limpiar todas las mañanas los terrenos del ashram. No había vallas de separación de los terrenos colindantes. Casi siempre terminábamos limpiando también la propiedad de los vecinos».

Un *brahmachari* manipulaba con mucha cautela los cubos con el contenido del foso séptico, atento a evitar que salpicara o se derramara. La velocidad del paso de cubos de unas manos a otras aumentó, su vigilancia disminuyó y un cubo cayó al suelo; los excrementos salpicaron todo su cuerpo.

Amma: «No te preocupes, hijo. En realidad, todos llevamos esto en nuestro interior. Un buen lavado y todo habrá desaparecido. La verdadera suciedad está en la actitud: 'Yo soy el que actúa', sin importar lo que se haga, sea *puja* o limpieza de alcantarillas. Esa actitud es difícil de lavar. Hijos míos, considerad todo trabajo como una ofrenda a Dios; eso os purifica interiormente. Por esta razón Amma os hace realizar este trabajo. No quiere que sus hijos queridos se queden al margen ordenando a otros que lo hagan. Un *brahmachari* debe ser capaz de hacer cualquier tipo de trabajo».

Además de los *brahmacharis*, algunos devotos participaban igualmente en la tarea. Uno de ellos, que se despertó con el ruido y la luz, se asomó para ver qué ocurría. Cuando vio lo que Amma estaba haciendo, no pudo quedarse mirando. Se quitó la camisa y se remangó el *dhoti* y entró en el foso séptico.

Amma: «No, hijo, el trabajo ya casi está terminado. De nada sirve que te ensucies tú también, tendrías que darte una ducha enseguida».

Los labios del devoto temblaban de emoción: «¿Quiere darme ese cubo y salir de aquí, Amma?»

Amma sonrió, sensible al amor que le hacía adoptar ese tono un poco autoritario.

Amma: «Hijo mío, Amma no siente ninguna aversión a limpiar los excrementos de sus devotos. Es un placer para ella».

«No busque ahora ese placer, Amma. ¿Quiere hacerme el favor de darme el cubo?» repitió con voz entrecortada, intentando quitárselo de las manos.

A menudo vemos que los devotos se toman con Amma libertades que los residentes del ashram nunca se atreverían a permitirse. Pero ella cede ante la devoción pura e inmaculada.

El trabajo se terminó a esa hora propicia que precede al alba. Para los que observan la vida en este ashram, la siguiente afirmación del Gita debería modificarse. 'Durante el tiempo que constituye la noche para los seres ordinarios, el yogi permanece despierto'. Aquí, la noche es el día, incluso para los que eligen vivir con la Yogini.

Observad el principio en el que se basan los rituales

Sábado 19 de octubre de 1985

Amma bajó al *kalari* al atardecer, aunque aún no era la hora de los *bhajans*. Estaba rodeada de *brahmacharis* y de algunos devotos.

Un allegado de Ottur, que vivía en el ashram para cuidar del anciano, se encontraba enfermo. Por esa razón, algunos *brahmacharis* se ocupaban de él. En materia de rituales, Ottur solía ser muy exigente y difícil de complacer. Cuando la conversación giró en torno al tema, Amma dijo:

«Amma no conoce los *acharas* (usos tradicionales). No fue educada en las tradiciones. Pero Damayantiamma era muy severa. No nos autorizaba a tener amistades. No obstante, eso nos sirvió: cuando estás solo, puedes cantar las alabanzas de Dios. Puedes hablar con Él. Si tenéis compañía, perdéis el tiempo en vanas conversaciones. Una mota de polvo en uno de los utensilios de cocina bastaba para que Damayantiamma le diera una buena zurra a Amma; si después de barrer el patio quedaba un minúsculo fragmento de basura en él, le pegaba con la escoba hasta que ésta se rompía. (Riéndose). Tal vez por esa educación Amma es tan estricta con sus hijos. ¡Es terrorífica! ¿Verdad?

«En aquellos días, cuando terminaba de barrer el patio, Amma se quedaba en un rincón, imaginando que el Señor caminaba frente a ella. Se imaginaba entonces cada una de sus huellas en la arena. En todo lo que hacía, sólo pensaba en Dios.

«Hijos míos, pensad en Dios, no importa lo que estéis haciendo. Esa es la finalidad de los rituales. Os ayudan a adquirir buenas costumbres y ponen orden en vuestra vida. Sin embargo, es preciso trascenderlos y no depender de ellos hasta el día de nuestra muerte».

Un *brahmachari*: «¿No es verdad que los rituales llevan la mente hacia lo externo y no hacia Dios?»

Amma: «Todo ritual fue creado para servir de apoyo y permitirnos conservar el recuerdo constante de Dios. Poco a poco fue transformándose en simple rutina. ¿Conocéis esta historia? Había una vez un sacerdote cuyo gato siempre lo fastidiaba durante la *puja*. Eso le molestaba, hasta que un día metió al gato en una cesta antes de empezar el ritual y lo soltó cuando acabó. Eso pronto se convirtió en costumbre. Su hijo le ayudaba. Un día, el viejo sacerdote murió y su hijo asumió la responsabilidad de la *puja*. Nunca se olvidaba de meter al gato en la cesta antes de comenzar la ceremonia. El gato, a su vez, murió. Al día siguiente, a la hora de la *puja*, el hijo se preguntaba, perplejo: ¿cómo podría comenzar el ritual sin meter al gato en la cesta? Salió corriendo y atrapó el del vecino, y comenzó. Pero no siempre lograba atrapar a tiempo el gato del vecino, así que acabó por comprar otro.

«El hijo ignoraba la razón por la que su padre había adquirido esa costumbre y nunca se lo preguntó. Se había limitado a hacer exactamente todo lo que él hacía. Los rituales nunca deberían realizarse así. No debemos ejecutar los *acharas* hasta después de comprender su sentido. Si no es así, no nos harán ningún beneficio. Sólo se convertirán en simple rutina.

«Debemos ser capaces de pensar en Dios en todos nuestros actos. Antes de sentarnos, por ejemplo, debemos tocar nuestro asiento y postrarnos ante él, imaginando que estamos frente a la divinidad de nuestra preferencia. Y hacer lo mismo al levantarnos. Siempre que tomamos un objeto en las manos, debemos mostrarle de igual modo nuestro respeto, imaginando a la divinidad en el interior del objeto. Si mantenemos así nuestra atención, tendremos siempre la mente puesta en Dios, sin desviarse hacia las cosas del mundo.

«¿Alguna vez habéis observado a una madre que, obligada a trabajar en casa del vecino, tiene que dejar a su bebé solo en casa? Haga lo que haga, piensa siempre en su pequeño. ¿Se acercará demasiado al pozo? ¿Habrá algún peligro de que los otros niños le lastimen? ¿Irá al establo y se pondrá a gatear junto a las vacas? ¿Se acercará demasiado al fuego de la cocina? No piensa en otra cosa. Un *sadhak* debe hacer lo mismo y pensar constantemente en Dios.

«Los *brahmacharis* no han aprendido los rituales. Sirviendo a personas como él (Ottur), aprenderán. (Volviéndose al brahmachari): Hijo, aun si te reprende, no te enfades porque de lo contrario todo lo que has hecho se perderá por completo. Considera toda ocasión de servir a un *sadhu* como una gran bendición».

Cómo encarar el elogio y la censura

Un *brahmachari* vino a quejarse a Amma del mal genio de un devoto. Este último consideraba un error grave la más mínima falta de los *brahmacharis* y no dudaba en criticarlos con aspereza, sin ver jamás su lado bueno.

Amma: «Hijo mío, es fácil amar a los que nos elogian, pero debemos amar más aún a los que nos señalan nuestras faltas y debilidades. Podría decirse que son ellos los que realmente nos aman. Cuando vemos nuestros errores, podemos corregirlos y avanzar. Consideremos a nuestros admiradores como enemigos y a nuestros críticos como amigos. Pero mantengamos en secreto esta actitud, no hace falta revelársela a nadie. Es verdad que no resulta fácil; en todo caso, nos hemos propuesto realizar el Ser, no el cuerpo, no lo olvidéis.

«El elogio y la censura se sitúan en el plano físico, no en el del Ser. Debemos considerarlos equivalentes. Vale más que aprendamos a ser ecuánimes ante el amor y la ira, el elogio y la reprensión. Es el verdadero *sadhana*. Sólo así progresaremos.

Br: «Amma, ¿por qué dice que debemos considerar como enemigos a los que nos elogian?»

Amma: «Porque nos alejan de nuestro objetivo. Debemos entenderlo usando nuestro discernimiento. Esto no significa que sea necesario rechazar a nadie.

«Todos los seres vivos buscan amor. Cuando lo buscamos en el mundo, nos produce sufrimiento, igual que la polilla que perece en el fuego. Toda búsqueda de amor en este mundo acaba en sufrimiento. Es lo que hoy en día experimentamos en nuestras vidas. Es imposible encontrar el verdadero amor; el que existe en este mundo es artificial, como la lámpara que usa el pescador. Lanza su red, enciende potentes proyectores y espera. Atraído y deslumbrado, el pez acude. La red queda pronto repleta y el pescador llena su cesta. Todos se aman por egoísmo.

«Cuando los demás nos manifiestan amor, nos acercamos a ellos creyendo que nos darán paz. Pero no vemos que la miel que nos ofrecen es una gota en la punta de una aguja. Cuando intentamos saborear la miel, la aguja se nos clava en la lengua.

Contemplad la verdad y avanzad. Sabed que no tenemos otro amigo que Dios; con Él no tendréis nada que lamentar». La tierra y el cielo se vistieron del dorado resplandor del crepúsculo. Por el poniente, el horizonte se tiñó de un rojo profundo. «Los pescadores saldrán contentos esta noche», dijo Amma, mostrando el magnífico color rojo. «Dicen que ese rojo profundo es señal de una buena pesca».

Alguien se puso a tocar el armonio y Amma se sentó en el *kalari*. Pronto perdió consciencia del mundo exterior, asumiendo el estado anímico del buscador que, en la soledad, se deja absorber por la devoción pura.

Kumbhodara varada

Oh, Tú, el del gran vientre
Y rostro de elefante,
Tú que otorgas bendiciones,
Hijo de Shiva,
Señor de los Ganas.

Oh, Tú, que con tus cinco manos repartes la gracia,
Tú que destruyes el sufrimiento,
Hijo de Shiva, bendícenos
y concédenos la salvación.
¡Que tu mirada bondadosa caiga sobre mí!

Oh, Supremo Señor,
que nos haces cruzar el río del samsara,
Morada de misericordia,
Tú que eres propicio,
Oh, Hari, néctar de la felicidad,
Tú que destruyes los obstáculos,
muéstranos tu compasión.

El ashram y sus alrededores vibraban con los acordes de la armoniosa música
devocional. Todos estaban inmersos en el éxtasis de la devoción.

Un percance ocasionado por un perro

Domingo 20 de octubre de 1985

«Hijos míos, está claro que nuestro objetivo es amar a todos los
seres vivos, pero sin dañar nunca a nadie. Nuestra misión es ir al
mundo y servirlo. Nuestra compasión hacia un ser vivo no debe
terminar causando sufrimiento a otro. Si vivimos en un lugar
aislado, podemos criar perros, gatos u otros animales. Pero aquí
vienen numerosos visitantes. Si tuviésemos un perro, los niños
pequeños querrían jugar con él, con el consiguiente riesgo de ser
mordidos. En un ashram no es aconsejable tener perro.

Al oír la voz de Amma, la gente vino a congregarse en torno
a ella. Amma había bajado esta mañana después de oír un ruido
extraño. Su abuela (*Achamma*, que significa 'madre del padre')
había ido a la parte trasera de la cabaña a buscar un palo largo
para poder alcanzar las flores de los árboles. Una perra acababa
de parir cachorros y los amamantaba en ese lugar. Pero Achamma lo ignoraba. Nervioso, el animal la mordió, y Achamma se
puso a gritar. Cuando Amma llegó, tanto los devotos como los
brahmacharis rodeaban a la abuela.

Amma: «Pobre abuela, ¿ahora cómo cortará sus flores? La
herida es profunda».

Todos los días Achamma cortaba flores para la *puja* en el
pequeño templo. Por débil que se sintiera, nunca dejaba de hacerlo.
En el verano, cuando era difícil encontrar flores frescas, a menudo
le revelaban en sueños dónde encontrarlas, y los vecinos casi nunca
se oponían a que las cortara en su propiedad.

Los residentes empezaron a comentar el incidente.

Br. Rao: «Unni es el causante de que la perra se haya quedado aquí. Todos los días le pone arroz para comer, así que ¿cómo iba a marcharse?»

Amma: «¿Dónde está Unni? Decidle que venga». Al ver que se hallaba detrás de ella: «Hijo, ¿es tuyo el perro? ¿Has venido aquí para dedicarte a la crianza?»

Unni: «Durante varios días, cuando me lavaba las manos después de la comida, veía a la perra que esperaba junto al grifo. Sentí lástima al ver su mirada suplicante».

Amma: «¿Desde cuando la alimentas?»

Unni: «De vez en cuando le daba de comer. No pensé que pariría aquí a sus cachorros».

Amma: «¿Necesitaba tu permiso para que nacieran sus cachorros?»

Unni (tratando de contener la risa): «Amma, su mirada hambrienta me dio lástima».

Amma: «Si insistes en alimentarla, llévatela lejos de aquí. Si hubieses actuado así, ahora no tendríamos este problema».

Con tono severo, prosiguió: «Te dio lástima su aspecto famélico. ¿Y no sientes lástima por esta anciana abuela, que está sangrando por la mordedura de la perra? Debemos ver a Dios en todo y ofrecer nuestro servicio, eso es correcto. El *sadhana* nos induce a ser compasivos con todos los seres vivos. Pero hay un lugar para cada cosa. El ashram no es sitio para gatos y perros. ¿Sabe este pobre animal que está en un ashram o que Achamma sólo quería el palo largo? Mereces un castigo por haberte quedado con esta perra y haberla alimentado».

Amma tomó las manos de Unni, manteniéndolas unidas como las de un prisionero.

Unni: «Amma, no la alimentaba todos los días. Sólo de vez en cuando».

Amma: «No, no digas nada. ¡Hoy te voy a atar!»

Sin soltarlo, ella se dirigió al comedor. Cuando se acercó a una columna, le pidió a un devoto que fuera a buscar una cuerda. Sabiendo que se trataba de una de sus *lilas*, le trajo un trozo pequeño de cuerda. Al verlo, el humor de Amma cambió. Manifestó: «Esta cuerda no sirve. Si Amma la utiliza, le dolerá. Así que, quizá sea mejor dejarle marchar esta vez». Y soltó al *brahmachari*.

La Dra. Lila[12] trajo a Achamma ante Amma y le propuso: «Amma, no sé si la perra tiene rabia. ¿No sería conveniente ponerle a Achamma una inyección?»

Amma: «La perra no tiene rabia ni nada. Sólo cura su herida».

Como era domingo, había muchos devotos. Cuando Amma llegó a la cabaña, todos la rodearon. Una mujer le dijo al oído: «Esta mañana me asustó el talante de Amma».

Amma se rió y le dio un cariñoso beso en la mejilla. Los que no están acostumbrados pueden quedarse perplejos al ver cuando Amma corrige a los *brahmacharis*. En esas ocasiones, su rostro se pone muy serio, pero a ellos mismos les sorprende ver el néctar de amor y afecto que les muestra al instante siguiente. Amma es el Amor mismo. No sabe enfadarse. Sólo sabe amar.

La Madre otorga bendiciones invisibles

Amma le manifestó a una devota: «El otro día, Amma te estuvo buscando. ¿Por qué te marchaste tan pronto?»

Unos días antes, cuando Amma salía de su habitación, se encontró en el suelo junto a la puerta un paquetito que contenía raíces de tapioca hervidas y una salsa para aderezarlas. Probó un poco y después pidió a una *brahmacharini* que fuera a buscar a la persona que se lo había traído. Pero fue imposible encontrarla porque se había ido. Nadie sabía quién había dejado ese paquete en la puerta de Amma.

---

[12] Swamini Atmaprana.

La devota: «Amma, ese día estaba muy preocupada. Teníamos que cerrar el trato de la compra de un terreno que queríamos. Había prometido presentarme en el notario a las once de la mañana con el dinero. Empeñé mis brazaletes y mi cadena, pero ni así logramos reunir la suma necesaria. Pedimos ayuda a una serie de personas, pero fue en vano. Si la escritura no se firmaba a las once, perderíamos el dinero entregado como señal. Decidí ir a ver a Amma por la mañana, y llevarle un poco de tapioca hervido. Llegué a las nueve y media, y alguien me dijo que Amma no llegaría hasta más tarde. Si llegaba a la notaría antes del mediodía, podía pedir el reembolso de al menos la mitad del depósito, incluso si la venta se anulaba. Por lo tanto dejé el paquete a la puerta de Amma y me fui. Lloré mucho. Tenía la esperanza de que, con la bendición de Amma, podría recuperar al menos la mitad de esta suma.

«Cuando llegué a Ochira, me encontré con una vieja amiga que esperaba el autobús. Su marido trabaja en Arabia Saudí. Aproveché este encuentro para pedirle ayuda, explicándole la situación. «Si no logro reunir diez mil rupias antes del mediodía, la venta quedará anulada». Por la gracia de Amma, ¡ella llevaba encima exactamente esa cantidad! Alguien le acababa de pagar un préstamo y en ese momento iba a casa después de haber ido a recoger el dinero. Sin decir una palabra me lo dio, y yo me deshice en lágrimas. Por la gracia de Amma, ¡la venta se llevó a cabo!»

En los ojos de la mujer brillaban las lágrimas. Amma la estrechó con gran afecto y le secó las lágrimas con su sari.

El tesoro interior

Iba a celebrarse una *puja* en la casa de un devoto. Antes de marchar, el *brahmachari* que debía celebrar el ritual vino a recibir la bendición de Amma.

Amma le bendijo y declaró: «Hijo, en ese terreno hay un hormiguero. Alguien les aconsejó que no lo destruyeran y ellos han seguido ese consejo. Amma no cree que eso tenga importancia. Aunque hagamos todo lo necesario, si los devotos carecen de la fe necesaria y de la capacidad de entrega, en nada les beneficiará. Algunos se aferran a sus supersticiones y por muchas explicaciones que se les den, no dan su brazo a torcer. Debemos ponernos a su nivel y hacer lo que haga falta. En esta etapa, lo que a ellos les proporcione paz es lo adecuado.

«Eso no significa que debamos dejarlos en su ceguera. Diles: 'Este hormiguero no os ocasiona ninguna molestia, pero de nada sirve mantenerlo. Poned un trozo de él en vuestra sala de *puja*. El resto lo podéis destruir. Si sigue creciendo, perderéis aún más espacio'. Al final del ritual, toma un poco de arena del hormiguero y entrégaselo para que lo guarden en su sala de *puja*».

Amma se dirigió a los devotos que la rodeaban: «Un día alguien vino con una historia semejante. Había un hormiguero cerca de su casa. Un astrólogo le convenció de que debajo de él había un tesoro y que daría con él si realizaba unas cuantas *pujas*. El hombre pidió la ayuda de un gran número de astrólogos y otras personas para encontrar el tesoro. Muchos de ellos prometieron ayudarle, le sacaron mucho dinero, pero no encontraron nada. Terminó viniendo aquí. Sólo quería saber: «¿Cuándo descubriré el tesoro?», en vez de «¿existe realmente el tesoro?» ¿Qué podía decir Amma? El hombre montó en cólera porque ella declaró que no había ningún tesoro. «Todos los astrólogos que he consultado me dijeron que había un tesoro. Si no logras verlo, ¿para qué he venido?» Dicho esto, se marchó. Sólo soñaba con poseer el tesoro. ¿Qué podíamos hacer? Amma le dijo que era sólo una quimera, y él no lo aceptó.

«Poco después volvió. Había tenido una experiencia que le hizo volver», Amma se reía. «Ahora se interesa en el tesoro interior, no en el material. Si Amma le hubiese rechazado al principio, su porvenir hubiese sido muy oscuro. Por esa razón, cuando aparece esa clase de personas, es necesario descubrir su nivel de comprensión y colocarnos allí para empezar. Poco a poco, podremos presentarles ideas y puntos de vista espirituales.

«Todos buscan el tesoro material. Están dispuestos a soportar lo peor con tal de conseguirlo. Nadie desea el tesoro interior. Tenemos una riqueza dentro de nosotros que nunca se pierde y que nadie puede robarnos. Pero no la descubriremos buscando en el exterior. Tenemos que mirar al interior y ofrecer a Dios la flor de nuestro corazón».

Al subir la escalera que lleva a su habitación, Amma les sonrió con una dulzura que reconfortaba el corazón. Tal vez algunos se preguntaran cómo sería la flor del corazón digna de ofrecerse a Dios. Al contemplar su tierna sonrisa, algunos recordaron un *bhajan* que ella canta a menudo y que describe la flor que se ofrece a la Madre divina.

Pakalonte karavalli thazhukatha pushpam

Flor que no rozan los rayos del sol,
flor que no roba el viento furtivo,
esa flor que se abre plenamente
es la mente.

La mente no enturbiada por ningún deseo,
la mente que no se inflama en la ira,
flor que no se ofrece por amor a una doncella,
es la mente en la que mora la emperatriz divina.

La mente que le da todo su sentido a vuestra vida,
la mente que desea el bienestar de los demás,
esa mente llena de amor puro,
¡La lleva puesta como guirnalda la Madre divina!

La fuerza que buscas está en ti.
¡Deja ya esa búsqueda vacilante, oh mente!
Avanza sin miedo hacia el objetivo de la vida,
donde el egoísmo desaparece y la Madre brilla con su luz.

Cuando todo se entrega a Dios, el alma,
libre de falsa vanidad, se llena de paz.
¡Es una luz indescriptible
en la que la Madre divina danza eternamente!

La diosa de la sabiduría inicia a los niños

Miércoles 23 de octubre de 1985

Aquel día, celebración de Vijaya Dashami, los devotos empezaron a llegar por la mañana temprano con sus hijos pequeños, que debían recibir su primera lección directamente de la diosa de la sabiduría. El grupo de devotos lo formaban en su mayoría madres que habitaban en esta región costera. Los que venían de más lejos habían llegado dos días antes, alojándose en el ashram. Amma se presentó en la sala de meditación con algunos niños que ya habían apilado sus libros en un lugar donde debía celebrarse la *puja* para Sarasvati, la diosa de la sabiduría. Muchos de los devotos ya se habían instalado. Una atmósfera festiva reinaba en el ashram.

La sala era demasiado pequeña para dar cabida a todos. «Los pequeños primero», dijo Amma.

Los niños se reunieron alrededor de la pila de libros, llevando en las manos hojas de albahaca *(tulasi)*.

Om mushika vahana modaka hasta
Chamarakarna vilambita sutra
Vamanarupa maheshwara putra
Viswa vinayaka pahi namasté

186

Oh, Señor Ganesha que cabalgas sobre un ratón,
que llevas en las manos un modaka[13] azucarado,
cuyas orejas son como abanico,
Tú que destruyes todos los obstáculos,
Tú que tienes la altura de un gnomo,
Hijo de Shiva, protégeme,
ante ti me inclino.

Saraswati namastubya,
Varade Kamarupini
Vidyarambham karishyami
Siddhir Bhavata me sada
Oh Sarasvati (diosa de la sabiduría)

En el comienzo de mis estudios
yo me postro ante ti,
dadora de bienes,
cuya forma es encantadora.
Haz que sea buen estudiante.

Padma patra vishalaksh
Padma Kesara varnini
nityan padmalaya Devi
Sa mam patu Saraswati.
Saludo a Sarasvati

Cuyos ojos son grandes
como las hojas de loto,
cuya tez es de azafrán
como los pistilos del loto
y que mora constantemente en el loto.

---

[13] Modaka, bolita azucarada hecha con arroz y nuez de coco.

Las voces blancas de los pequeños repetían los *mantras* que Amma recitaba verso a verso, en honor a Ganesha y Devi Sarasvati.

Amma: «Ahora mis niños, imaginad que veis delante de vosotros a vuestra divinidad preferida. Besad sus pies divinos y postraos».

Amma se postró primero y los niños siguieron su ejemplo. Otros muchos esperaban afuera.

Los *brahmacharis* se sentaron al sur para empezar los *bhajans*. Amma tomó asiento al norte, con un plato lleno de arroz en las manos, en el que los niños iban a formar las letras del alfabeto con las puntas de los dedos. Uno detrás de otro, los padres fueron llevando sus hijos a Amma para que ella guiara sus primeros pasos en el mundo del saber. Ella tomaba a cada niño en su regazo y le calmaba dándole un caramelo. Todos miraban, fascinados, cómo Amma guiaba los pequeños dedos haciendo que escribieran algunas letras en el arroz.

«¡Hari!» decía Amma. El pequeño sentado en su regazo, vestido con su *dhoti* nuevo con bordes dorados y pasta de sándalo en la frente, la miraba, como si se preguntara qué estaba ocurriendo. Ella insistía: «¡Hari! Dilo: ¡Ha...ri!» El niño repitió fielmente: «¡Hari! Dilo: ¡Ha...ri!» Todos, incluso Amma, estallaron en carcajadas. Algunos de los niños lloraban al venir a ella, pero Amma no dejaba marchar a ninguno sin haberle hecho escribir en el arroz. Mientras tanto, los *bhajans* en honor de Sarasvati expresaban los sentimientos presentes en el corazón de los padres.

Oh, Sarasvati, diosa de todo conocimiento,
¡Concédenos tu bendición!

No somos eruditos,
nuestro espíritu es lento,
sólo somos como marionetas en tus manos!

A Amma no le agrada que sus hijos le den *dakshina* (ofrenda tradicional que se entrega a la persona que dirige una ceremonia o ritual). Sin embargo, los padres querían que sus hijos le dieran algo. Muchos de los que venían de la zona costera eran muy pobres y sólo podían hacer una ofrenda muy modesta. Para estar segura de que nadie se sintiera herido, Amma había decidido que, para honrar la tradición, bastaría que cada uno de los niños depositara una rupia ante la imagen de Sarasvati. Ella no quería que ninguna de las madres tuviera que lamentar que su hijo no ofreciera una *dakshina* igual a la de los demás. Eran las once cuando Amma terminó de iniciar a todos los niños en la escritura del alfabeto.

Después salió al patio. Los devotos y los *brahmacharis* estaban sentados en filas. Amma se sentó con ellos y pronunció el «Om». Cada uno repitió el sonido primordial y lo escribió en la arena.

«Om».

La lección continuó. «¡Hari Shri Ganapataye Namah!»

Finalmente, para realzar la dulzura de lo aprendido, todos los devotos recibieron prasad de las manos de Amma.

Hacia el mediodía, muchos de los visitantes se iban a casa, felices de haber recibido la iniciación de la Madre de todas las ciencias. Los *brahmacharis* se hallaban sentados por todas partes, repasando su lección o recitando *mantras* védicos. Al no haber podido descargar sus pesares en el regazo de Amma debido a la celebración de Sarasvati, muchos devotos esperaban con mirada impaciente. Ella, infatigable, los reunió y con ellos se dirigió a la cabaña para el *darshan*.

Dad a los necesitados

Janaki, de la ciudad de Pandalam, estaba conversando con Amma. Era una maestra jubilada que venía con frecuencia a ver a Amma. Estaba preocupada por la conducta de su hijo mayor.

Amma: «¿Cómo está tu hijo ahora?»

Janaki: «Tienes que corregirle, Amma, yo no puedo. ¿Qué hacer cuando una persona de su edad es incapaz de cuidar de sí mismo?»

Amma: «Eso es lo que ocurre cuando a los niños se les da un afecto excesivo».

Janaki: «Dedica mucho tiempo a sus amigos y vecinos. Si alguien le habla de problemas de dinero, él está dispuesto a ayudarle aunque eso signifique hurtar de nuestra propia casa. Yo me he jubilado ya. Es triste que a partir de ahora no pueda cuidar de sí mismo. ¿Qué gana repartiendo así el dinero? Si el día de mañana nos viésemos obligados a pedir ayuda, esa gente ni siquiera se acordaría de nosotros».

Amma: «Cuando damos, debemos saber a quién. Debemos dar a quien lo necesita, y hacerlo sin esperar nada a cambio. Si esperamos algo, ¿no sería una especie de intercambio interesado?»

«Hemos de saber distinguir a los que están en la miseria y ayudarles: los que sufren por no tener un trabajo, los discapacitados, los niños abandonados, los enfermos que no tienen medios para curarse, los ancianos, que carecen de una familia que cuide de ellos. Es nuestro *dharma* y no debemos esperar nada a cambio. Pero reflexionemos dos veces antes de dar algo al que tiene buena salud, al que puede trabajar. Si les damos dinero, se volverán aún más perezosos. Y si mucha gente se muestra caritativa con ellos, acumularán mucho dinero ¿no es verdad? Lo malgastarán en drogas y alcohol. Si eso ocurre, somos responsables de sus errores, porque sin nuestros dones, no los habrían cometido.

«Podemos dar una parte de nuestro alimento a los que pasan hambre, medicamentos a los enfermos, ropa a los que tienen frío. Podemos darle algo de trabajo al que esté sin empleo y pagarle por ello. Pero si nos empobrecemos por repartir dinero imprudentemente, Dios no tiene la culpa.

«Los donativos a los ashrams y a las instituciones caritativas no plantean problemas. Ellos velarán por el buen uso de ese dinero. Las instituciones como los ashrams invierten en proyectos de caridad, pero, aún así, no debemos dar sólo para hacernos famosos por ello, sino como una oportunidad de servir a Dios. De todas formas, el mérito volverá a nosotros. Cuando damos, nadie más debe saberlo. ¿No hay un proverbio que dice que la mano izquierda debe ignorar lo que hace la derecha?»

Amma, secando las lágrimas de la mujer, la estrechó y consoló diciendo: «Deja de preocuparte, hija mía. ¡Amma está aquí para ayudarte!»

Janaki: «Amma, que reparta todo lo que quiera. No me quejo. Pero no tendré valor si un día lo veo mendigar por unas cuantas rupias. ¡Antes de que eso ocurra, hazme desaparecer, Amma!»

Amma: «No llores, hija. Eso nunca lo verás, nunca le faltará nada. ¿No está Amma siempre contigo?» Amma la abrazó de nuevo y le dio un beso.

Para el verdadero devoto no existe la pobreza

La devota se retiró con apacible sonrisa tras el beso de Amma. Enseguida, el siguiente devoto llamado Divakaran, se encontró en los brazos de Amma.

Amma: «¿Cuándo has llegado, hijo? Amma no te ha visto cuando repartió el *prasad*».

Divakaran: «Quería venir esta mañana, Amma, pero el autobús vino con retraso y acabo de llegar».

Amma: «La última vez viniste acompañado de otro hijo».

Divakaran: «Sí, era Bhaskaran. Siempre está metido en problemas, Amma. Hace diecisiete años que acude regularmente al templo de Sabarimala. Pocos son los templos que no frecuenta. Sin embargo, siempre está obsesionado por su pobreza y otros muchos problemas. Cuando pienso en él, me pregunto de qué sirve creer en Dios».

Amma: «Hijo mío, si nos refugiamos plenamente en Dios, sólo nos puede ocurrir algo bueno, tanto en lo material como en lo espiritual. No se conoce ningún *Mahatma* que haya muerto de hambre. El mundo entero se arrodilla ante ellos. El que se refugia de verdad en Dios no sufrirá pobreza. La causa principal de nuestros sufrimientos actuales es que no nos entregamos del todo a Él. Nuestra devoción no nace del amor a Dios; queremos satisfacer nuestros deseos. Pero el deseo engendra sufrimiento».

Otro devoto: «La devoción de Kuchela hacia Krishna era firme. Sin embargo, sufrió pobreza».

Amma: «No es justo decir que Kuchela padecía por ser pobre. No tenía tiempo para sufrir porque estaba constantemente inmerso en el pensamiento de Dios. La pureza de su devoción le permitió permanecer en la felicidad a pesar de su miseria. Por su entrega a Dios, desapareció incluso su indigencia, que era parte de su *prarabda*. Kuchela no se derrumbó bajo el peso de la pobreza, ni se olvidó de Dios en un exceso de júbilo cuando todas las riquezas afluyeron a él.

«Si nuestro deseo no es otro que refugiarnos en Dios, Él nos dará lo que necesitamos en el momento preciso. Si nos entregamos a Él con la confianza de que Él se hace cargo de todo, no tenemos nada que temer. Sólo conoceremos la prosperidad y la dicha. La diosa de la prosperidad se convierte en la servidora de aquel cuya devoción es pura. Pero ¿cómo es nuestra devoción en estos momentos? Decimos que vamos al templo, pero nadie va allí por el Señor. Incluso en su presencia sagrada, hablamos de cosas mundanas. ¿Para qué ir al templo si lo único que hacemos es hablar de nuestra familia y de nuestros vecinos? Al menos en este lugar sagrado debemos meditar únicamente en Dios y dejarle todas nuestras cargas, con la seguridad de que no hace falta hablarle de nuestros problemas porque Él los conoce todos. No debemos ir al templo solamente para quejarnos, sino para adorar a Dios y encontrar la fuerza necesaria para acordarnos de Él».

Otros devotos, que hasta entonces habían permanecido en silencio, empezaron a hacer preguntas.

Pon en práctica la fe

Un devoto: «Pero Amma, tú misma has dicho que debemos abrir nuestro corazón y confiárselo todo a Dios».

Amma: «Confiar nuestros problemas a los seres que nos son queridos nos alivia, ¿no es verdad? Debemos experimentar hacia Dios el mismo amor, el mismo sentimiento de intimidad, la certeza de que Él es muy nuestro. No hay por qué ocultarle nada. Es bueno aliviar la carga de nuestro corazón y confiarle a Dios nuestros sufrimientos. Sólo de Él debemos fiarnos cuando tenemos problemas. El verdadero devoto nunca confía sus penas a nadie. Dios es su única y verdadera familia. Pero de nada sirve ir a Dios con el corazón lleno de deseos y de problemas familiares.

«A un abogado tenemos que explicarle con detalle nuestro caso para que sea capaz de elaborar nuestra defensa. El médico no puede curarnos sin una descripción de nuestros síntomas. Pero con Dios no hay necesidad de entrar en detalles para ponerle al corriente de nuestros problemas. Él lo sabe todo. Él mora en nosotros y observa cada uno de nuestros movimientos. Su poder nos permite ver, oír y actuar. Por su mismo poder, somos capaces de conocerle. Su luz nos permite ver el sol. Por lo tanto, sólo nos queda entregárselo todo y pensar en Él constantemente.

«Nuestra relación más fuerte debe ser la que tenemos con Dios. Si decidimos confiarle nuestros sufrimientos, debe ser con la intención de acercarnos a Él. Nuestra fe, nuestra entrega a

Dios o a un *gurú* nos liberan del sufrimiento. El simple hecho de describir nuestras dificultades no basta».

Un *brahmachari* hizo la siguiente pregunta: «Amma, ¿es posible realizar el Ser sólo por la fe en Dios?»

Amma: «La fe total es en sí la realización; pero tu fe no lo es. De modo que debes esforzarte en ello y hacer *sadhana*. No basta con tener confianza en el médico, para curarse hace falta tomar las medicinas. Tanto la fe como el esfuerzo son necesarios.

«Si plantas una semilla germinará, pero para que crezca bien necesita agua y fertilizante. La fe nos hace conscientes de nuestra verdadera esencia, pero para experimentarla directamente, necesitamos poner nuestro esfuerzo.

«Escuchad la historia de un padre y su hijo. El hijo estaba enfermo y el médico había prescrito como remedio el extracto de cierta planta. La buscaron por todas partes, sin conseguirlo. Caminaron durante mucho tiempo y acabaron agotados y sedientos. Fue entonces cuando vieron un pozo, y al acercarse a él, encontraron un cubo y una cuerda. En los alrededores crecía gran cantidad de hierbas silvestres. Cuando el padre introdujo el cubo para sacar agua, vio en el fondo la planta medicinal que habían estado buscando por todas partes. Intentó descender al pozo, pero no pudo. No había escalones y el pozo era muy profundo.

«El padre comprendió que solo le quedaba una alternativa. Ató la cuerda a la cintura de su hijo y con mucho cuidado le hizo bajar al pozo. 'Corta las hierbas cuando estén a tu alcance', le dijo al muchacho. En el mismo momento, unos viajeros que pasaban por allí se quedaron sorprendidos. '¿Qué clase de hombre es usted que hace bajar a su hijo atado a una cuerda?', preguntaron. El padre no respondió. Cuando llegó al fondo, el muchacho cortó las hierbas con mucho cuidado. Con mucha suavidad, el padre volvió a subirlo, y cuando el muchacho salió del pozo, los otros le preguntaron: '¿Cómo has tenido el valor de bajar atado a una cuerda?' El hijo respondió sin dudarlo: 'Era mi padre quien la sostenía'.

«El hijo tenía una gran confianza en su padre, pero fue al hacerla efectiva bajando al pozo para extraer la planta cuando recibió sus beneficios. Hijos míos, así debe ser nuestra fe en Dios y pensar: 'Si Dios me protege, ¿por qué habría de preocuparme? Ni siquiera deseo la realización'. Esta confianza es indispensable. La devoción del que constantemente duda no es auténtica, su fe no es verdadera».

Fe en Dios, fe en sí mismo

Un joven: «¿Pero por qué depender de Dios? ¿No basta con el propio esfuerzo? Después de todo, todos los poderes están en nosotros. ¿No fueron creados los dioses por el hombre?»

Amma: «Hijo, hoy en día vivimos bajo el dictado del 'yo' y el 'mío'. Mientras persista esta actitud no percibiremos en nosotros estos poderes. Cuando la cortina está cerrada, es imposible ver el cielo. Ábrela y podrás verlo. Del mismo modo, si eliminamos de nuestra mente el sentido del 'yo', podremos ver la luz que hay en nosotros. Pero esa eliminación requiere humildad y entrega.

«Para construir una barca, la madera se calienta en el fuego con el fin de curvarla hasta la forma deseada. Puede decirse que esta operación le da su verdadera forma a la madera. Así mismo, la humildad revela nuestra verdadera forma. Si el hilo es grueso o está deshilachado, no pasa por el ojo de la aguja. Hay que comprimirlo o afinarlo. Este abandono por parte del hilo le hace capaz de unir muchos trozos de tela. El abandono de sí es igualmente el principio que conduce del ser individual (*jivatman*) al Ser supremo (*paramatman*). Todo eso está en nosotros, pero para encontrarlo es preciso un esfuerzo constante.

«Aun si tenemos talento para la música, sólo con la práctica regular podremos llegar a cantar de un modo que agrade al auditorio. Lo que está latente en nuestro interior debe convertirse en experiencia. No sirve decir: 'Todo está en mí'. Nos enorgullecemos de nuestra condición, posición social y habilidades; pero cuando se nos presentan circunstancias adversas, vacilamos. Perdemos la fe en nosotros mismos. Para cambiar eso, debemos hacer un esfuerzo constante.

«Creemos que todo funciona por nuestro poder. Pero sin la fuerza de Dios sólo somos cuerpos inertes. Presumimos de ser capaces de destruir el mundo entero con sólo pulsar un botón; sin embargo, para ello tenemos que mover el dedo. ¿De dónde nos viene la capacidad para hacerlo?

«En las carreteras hay paneles de señalización cuya pintura es fluorescente. Cuando son alumbrados por los faros de un vehículo, reflejan la luz. Eso ayuda a los conductores a tener información respecto a la carretera y el estado de la calzada. Pero imaginad que uno de esos paneles pensara: 'Estos coches circulan gracias a mi luz. ¿Acaso van a encontrar su camino sin mí?' Es lo mismo exactamente cuando decimos: 'mi poder', 'mis facultades'. El panel sólo brilla cuando lo iluminan los faros de los coches. De igual manera, nosotros sólo podemos movernos y actuar por la gracia y el poder del Todopoderoso. Él es el que nos protege siempre. Si nos abandonamos a Él, indefectiblemente nos guiará. Si cultivamos esta fe, jamás vacilaremos».

Era ya mediodía y Amma aún no había comido nada. Suele suceder todos los días, ya que Amma se queda con sus hijos desde las primeras horas de la mañana.

Infinita veneración ante la encarnación de la generosidad
que a todos los seres del mundo considera sus hijos
y no cesa de derramar en ellos su afecto.

Capítulo 5

La Madre que colma con sus bendiciones

Sethuraman, que trabajaba en Assam, avanzó con su familia para postrarse ante Amma. Tiempo atrás, cuando terminó sus estudios estuvo varios años sin trabajo. Su desesperación iba en aumento y finalmente fue a ver a Amma. Ella le dio un *mantra*, recomendándole que lo repitiera ciento ocho veces al día y que también recitara el archana (Sri Lalita Sahasranama, los Mil Nombres de la Madre Divina). Él siguió sus instrucciones al pie de la letra. Tres semanas más tarde, su tío, que trabajaba en Assam, volvió a casa de vacaciones. Prometió encontrarle trabajo a su sobrino. Poco después, Sethu marchó a Assam y ahora se hallaba de nuevo en casa, de vacaciones. Había venido con su mujer. Ella fue antes compañera de trabajo, y se casaron con la bendición de su familia y de Amma, que también dirigió la ceremonia del bautismo de su hija mayor, Saumya. Amma tomó en sus brazos a la mujer de Sethu y a su bebé. Su rostro irradiaba la dicha de una matriarca que acoge a la joven nuera en la familia. Sethu contemplaba la escena con lágrimas de felicidad en sus ojos.

Amma: «¿No os quedáis hasta mañana, hijos?»

Sethu: «Pensábamos irnos después del *darshan*, Amma, pero hemos decidido pasar aquí la noche».

Amma (a un brahmachari *sentado cerca de ella): «Hijo, déjales tu habitación». Dirigiéndose a Sethu, dijo: «Amma te verá después de los* bhajans».

Los brahmacharis *ya estaban instalados y los* bhajans *comenzaron.*

Prapanchamengum

Apariencia ilusoria que baña todo el universo,
Oh refulgencia, ilumina mi alma
derramando en ella tu luz por siempre.

Mi sed saciaré bebiendo de tu amor
y afecto maternal...
La congoja de mi alma desaparecerá
si me acerco a ti y me sumerjo en tu luz divina.

Mucho tiempo he vagado
buscándote a ti, esencia de todas las cosas.
Oh Madre, ¿no vas a otorgarme la felicidad del Ser?
Madre mía, ¡ven, te lo ruego!

Las estrellas brillaban, esplendorosas. Amma se puso a cavar bajo las plantas *chembu* (especie parecida a la tapioca) en busca de tubérculos, pero no encontró ninguno. En diversas ocasiones había desenterrado los tubérculos comestibles. La melodía de los cantos devocionales desde el *kalari* flotaba en el aire. Amma había participado en los cantos, pero al final de un *bhajan*, salió del *kalari* y se encaminó hacia la parte norte del ashram. De vez en cuando lo hacía. Cuando el canto la absorbía con demasiada intensidad, hasta el grado de no poder mantenerse en ese plano de conciencia, se esforzaba en hacer volver su mente implicándose en algún trabajo. Ella suele decir: «Amma no puede cantar una sola frase con una concentración total ¡porque perdería el control! Cuando canta un verso, intenta recordar conscientemente el siguiente. ¡A veces se pregunta cómo pueden sus hijos cantar *bhajans* sin llorar!»

Después de mucho cavar bajo las plantas *chembu*, finalmente Amma encontró un manojo de tubérculos comestibles. Los lavó, los metió en un caldero con agua, encendió el fuego y los puso a cocer. Aún no se habían cocido del todo cuando probó un trozo aún caliente. El resto lo repartió a sus hijos y se retiró a su habitación.

El *prasad* de Amma llegó en forma de trozos de *chembu* a medio cocer, sin sal ni condimento; ¡parecían huevecillos de gorrión! Con este *prasad* en las manos, se encaminaron al templo y llegaron al final de los *bhajans*, momento en el que empieza el *arati*. Como una flor que se abre en la noche, recordaron las palabras que Amma pronunció en una ocasión semejante: «Hijos, ¿sabéis los esfuerzos que tiene que hacer Amma para permanecer en vuestro mundo?»

Una hora después de la medianoche, Amma salió de su habitación. Un *brahmachari* hacía su *japa* en el *kalari*. Viendo entrar a Amma de forma inesperada, se postró a sus pies. Ella le pidió que llamara a todo el mundo. La noticia bastó para despertar a los residentes, que acudieron a toda prisa sin saber el motivo de su llamada. Ella les pidió que llevaran una *asana* y se encaminó hacia la playa.

Entonces comprendieron que era el momento de la meditación. De vez en cuando Amma lleva a los *brahmacharis* a la playa para meditar. No había hora fija; eso podía ocurrir en cualquier momento. Se sentaron a la orilla del mar alrededor de Amma. El silencio era perfecto, salvo por el profundo sonido del «Om» que emanaba del mar y el ruido incesante de las olas que venían a romper a la orilla. Amma cantó tres veces el «Om», al que todos se unieron con sus voces. Ella dijo: «Si os vence el sueño, levantaos y recitad vuestro *mantra*. Si el sueño persiste, corred un poco por la playa y después os volvéis a sentar. Es el momento más propicio para meditar. La naturaleza entera está tranquila».

Dos horas pasaron rápidamente. Para terminar, Amma cantó una vez más el «Om» y todos lo repitieron. Siguiendo sus instrucciones, imaginaron su divinidad amada ante ellos y se

postraron. Amma cantó un himno en honor de la Madre divina: *Sri chakram ennoru...*
La luz de la luna danzaba en la superficie del mar. El horizonte estaba oculto en parte por un velo de bruma. Unas cuantas estrellas solitarias brillaban en el firmamento. Incluso las olas parecían apaciguarse. En la playa, los cantores vestidos de blanco parecían una bandada de cisnes que se posaba un momento en la orilla del tiempo, en el ocaso de alguna época pasada. La forma de Amma resplandecía en su pensamiento, como una montaña blanca que se refleja en las aguas tranquilas del lago de su mente.

Amma bebe leche envenenada

Martes 29 de octubre de 1985

Por la tarde, Amma llamó a los *brahmacharis* a su habitación. Estaba sentada en medio de la estancia y tenía a sus pies gran cantidad de paquetes que contenían diferentes clases de dulces.

Amma: « Amma quería repartir esto entre sus hijos, pero aún no ha tenido tiempo para hacerlo».

A cada uno le dio dulces. Al observar que algunos de los residentes no habían llegado, preguntó: «¿Dónde están los demás?»

Un *brahmachari*: «Dos de ellos tienen una infección en los ojos y están descansando, Amma».

Amma: «¿Están en cama? ¿No pueden andar?»

Brahmachari: «No tienen problemas para andar, pero temen contagiarte la infección».

Amma: «De eso no tienen por qué preocuparse. Hijos, no importa qué clase de enfermedad tengáis, siempre podéis venir junto a Amma. Hijo, hay personas que vienen al *darshan* con todo tipo de enfermedades infecciosas. ¿Cuántas personas han pasado por los brazos de Amma con una infección ocular, varicela y enfermedades de la piel? Ella nunca se ha visto obligada a interrumpir el *darshan*. Dios siempre la ha protegido y está segura de que continuará haciéndolo.

«Una vez, una devota trajo un vaso de leche. Amma se lo bebió entero. Poco después, empezó a vomitar. La deshidratación debilitó mucho su cuerpo. Pero ella pensaba en la multitud de devotos que esperaban su *darshan*. Entre ellos había gente muy pobre que tenía que trabajar de sol a sol durante muchos días y ahorrar un poco diariamente, reunir lo necesario para el autobús y venir a ver a Amma. Si se vieran obligados a irse sin haberla visto, ¿cuándo volverían a tener otra oportunidad? Pensando en ellos, Amma se entristecía. Se puso a rezar y se sentó en el *pitham*. Llamó a los devotos, les consoló y les dio los consejos que necesitaban. Después volvió a vomitar. Hizo que cerraran la puerta, se sentó en el suelo y vomitó. Un poco más tarde, se cambió de ropa y reanudó el *darshan*. Pero después de ver a una decena de personas, los vómitos volvían. Al sentirse demasiado débil para levantarse, se imaginaba cantando un *bhajan* y danzando; eso le daba un poco de energía. Poco después volvía a sentir deseos de vomitar, a continuación reanudaba el *darshan*.

«El malestar duró hasta el amanecer. Al final estaba muy débil, pero aguantó hasta abrazar al último devoto. Cuando se fue la última persona, Amma se derrumbó. La llevaron a su habitación. Todos estaban muy preocupados, temiendo por su vida. Si Amma hubiese pensado sólo en su comodidad, nada de aquello habría sido necesario. Sólo hubiese tenido que ir a su habitación, acostarse y descansar; de este modo, muy pronto habría recuperado fuerzas. Pero al pensar en el dolor de sus devotos, no fue capaz de actuar así. Estaba dispuesta a morir si fuera preciso.

«La leche que le dieron a Amma contenía veneno. Una familia hostil a ella se la había dado a una inocente devota, que ignoraba que la leche estuviese envenenada, y tampoco sabía que esta familia estuviese enfrentada con Amma».

Poco después, Amma terminó de repartir los dulces y bajó. Se sentó cerca del estanque, al sur de la sala de meditación. Algunas plantas de caña de azúcar habían crecido en este lugar al borde del remanso de mar. Una de las cañas estaba rota; un *brahmachari* la cortó y se la trajo a Amma. Ella la cortó en pequeños trozos que dio a los *brahmacharis*. Como la caña de azúcar había crecido junto al agua salada, tenía un ligero sabor a sal. Amma también probó algunos trocitos.

Al tirar el residuo, dijo: «Hijos, cuando estudiáis las Escrituras, recordad esto: después de extraerle su jugo a la caña de azúcar, tiramos las fibras. Tomemos, pues, la esencia de las Escrituras y descartemos lo demás. Sería absurdo aferrarse a las Escrituras hasta el día de nuestra muerte. Lo mismo debemos hacer con las palabras de los *Mahatmas*, aceptando lo que podemos asimilar y aplicar en nuestra vida. Sus consejos no son iguales para todos, siempre tienen en cuenta la situación de la persona y su nivel de comprensión».

Amma se dirigió al pequeño templo. Los devotos que esperaban se apresuraron a ir a su encuentro. Ella los llevó al interior y se sentó.

La verdadera forma de Amma

Una devota se postró ante Amma y empezó a sollozar en cuanto puso la cabeza en su regazo. Su pena la habían provocado las burlas que le hicieron algunos pasajeros de la barca al cruzar el remanso de mar. Amma secó sus lágrimas y la consoló. Después dijo a los devotos:

«Si hieres el tronco de un árbol, no lo sentirá; pero el brote tierno sufre. Amma puede soportar cualquier clase de insultos.

Pero si se hace sufrir a los devotos, si dicen cosas terribles sobre sus hijos, eso le resulta intolerable. Aunque todos seamos el mismo y único *atman*, Amma no puede permanecer indiferente al sufrimiento de sus hijos. Krishna no retrocedió cuando Bhishma le disparó un centenar de flechas. Pero cuando apuntó a Arjuna y vio que la vida de su devoto corría peligro, Krishna se precipitó sobre Bhishma blandiendo su *chakra*. Para el Señor, es más importante proteger a sus devotos que mantener su palabra. Esto es lo que Sri Krishna demostró».

Un devoto: «Amma, ¿cómo podemos deshacernos de los que calumnian a Dios y critican la vía espiritual?»

Amma: «Hijo, si esa clase de sentimientos nos invade, hacemos más daño que ellos. Un ser espiritual no debe nunca pensar en hacer daño a los demás. Debe suplicarle a Dios que cambie sus corazones, que sean mejores. El objetivo de las prácticas devocionales y de la oración es ayudarnos a amar a todos los seres. Que no os afecte si alguien dice algo malo de vosotros. Pensad que también eso es para vuestro bien. ¿Existe un mundo sin dualidad? Gracias a las tinieblas podemos apreciar el valor de la luz».

Devoto: «¡Qué afortunados somos por haber venido a ti, Amma! ¡La felicidad es estar contigo!»

Amma (riéndose): «¡No estéis tan seguros, hijos míos! En estos tiempos, todos estáis enfermos, afligidos por heridas infectadas. Amma os va a estrujar para hacer salir el pus de la herida. Ella hará parecer enormes vuestras más pequeñas faltas. No lo pasaréis demasiado bien.

Amma les dice a sus hijos: «Amma prefiere el dios de la muerte al dios Shiva. La gente invoca a Shiva por miedo a la muerte, ¿no es así? De lo contrario, ¿quién se refugiaría en Shiva? Si tenéis miedo de Amma, ¡al menos clamáis a Dios!» Amma se reía. «Antiguamente, los hijos *brahmacharis* cantaban: *¡Amme,* *snehamayi!...'* (Amma plena de amor)'. Ahora cantan: *'Amme, kruramayi!...'* (Amma plena de crueldad)».

Amma se puso a cantar: «*¡Amme, kruramayi!*»... lentamente, al ritmo que ellos conocían. Todos estallaron en carcajadas.

Amma prosiguió: «A veces Amma afirma que sus hijos están en un error, aunque tengan razón. ¿Por qué? Porque deben desarrollar *shraddha*. Así estarán alerta a cada paso. Si Amma les golpeara, eso no tendría ningún efecto en ellos, se limitarían a sonreír. Ellos suelen decir: 'Nos encanta que Amma nos riña. En ese momento, al menos podemos estar cerca de ella y mirarla. Si Amma incluso llega a pegarnos, mejor aún'. Sea cual sea el castigo que ella les inflija, saben que a ella le resulta imposible no sonreír un instante después. Entonces, a Amma sólo le queda un medio de actuar con rigor, y es empezar una huelga de hambre. Que Amma no se alimente es algo que ellos no soportan».

Se hizo un gran silencio. Todos se maravillaban del cuidado y afecto que Amma prodigaba a sus hijos. Es raro encontrar algo semejante en la madre que nos trajo a este mundo.

Entregarse a Dios

Una devota preguntó: «Amma, dices que debemos ver a Dios en todo, pero ¿cómo podemos hacerlo?»

Amma: «Hijos, tenéis que liberaros de vuestras *vasanas*. Dios debe convertirse en vuestro único refugio. Acostumbraos a pensar en Dios en todo lo que hagáis. Así, poco a poco percibiréis la unidad en la diversidad».

Una joven apoyó la cabeza en el hombro de Amma y se puso a llorar. Su padre era conductor de un camión, nunca estaba en casa, y su madrastra la empujaba a llevar una vida inmoral. Acababa de terminar la secundaria, pero nadie quería que estudiara.

La joven: «Amma, ¡no tengo a nadie! Me quedaré aquí y trabajaré».

Los ojos de Amma se llenaron de compasión. Dijo: «Hija, Dios está siempre allí para cuidarnos. Él es la fuente de la compasión. Es nuestro verdadero padre y nuestra verdadera madre. Aquellos a los que llamamos padres sólo nos han criado. Si realmente fuesen nuestros padres, ¿no nos salvarían de la muerte? Pero no pueden hacerlo. Nosotros ya existíamos antes de convertirnos en sus hijos. Dios es nuestro verdadero padre, madre y protector».

Amma la consoló y fortaleció su confianza. «Hija, vuelve a casa y dile a tu padre con firmeza que quieres estudiar. Él lo aceptará, Amma te lo promete. No te preocupes, hija, ¡no te preocupes!»

Una devota: «Amma, quiero venir a verte todos los días, pero vivo sola. ¿Cómo puedo venir y dejar sola la casa? Hoy cerré con llave antes de marchar, y le confié la llave al vecino».

Amma: «Está bien pedirle a alguien que cuide vuestra casa cuando venís aquí. Cierto que tenemos que estar atentos a las cosas externas. Sin embargo, los robos ocurren a pesar de una buena cerradura y de los vigilantes que empleamos. ¿Cuál es la causa? En realidad, no son vigilantes de verdad. El verdadero vigilante es Dios. Si le confiamos nuestros bienes, se mantendrá alerta y los protegerá. Otros vigilantes se quedan dormidos y los ladrones aprovechan la ocasión para privarnos de nuestros bienes. Pero si Dios vigila, ¡no tenemos nada qué temer!

«Imaginad que subimos a una barca. Llevamos un saco muy pesado y en lugar de ponerlo en el suelo, seguimos sujetándolo con fuerza. Viendo nuestro esfuerzo, el barquero dice: 'Ahora estás en el barco. ¿Por qué no dejas el saco en el suelo?' Pero no estamos dispuestos a soltarlo, lloramos y nos quejamos de que pesa demasiado. ¿Es eso necesario? Del mismo modo, llevamos a cuestas la carga de nuestras preocupaciones. ¡Pon tu fardo a los pies del Señor! Él se ocupará de todo».

Cuando no hay tiempo para el sadhana

Soman, un maestro, hizo esta pregunta: «Amma, después de la escuela, en casa siempre hay un montón de cosas qué hacer. ¿De dónde saco tiempo para hacer *japa*?»

Amma: «Hijo, encontrarás tiempo si realmente lo deseas. Debes estar seguro de que no hay nada más noble que el recuerdo de Dios. Entonces, a pesar de todo tu trabajo, encontrarás tiempo. Un día, un hombre rico fue a ver a un *gurú* y se quejó: 'Maestro, no tengo paz dentro de mí. Las preocupaciones me acosan constantemente. ¿Qué debo hacer?'

El gurú dijo: 'Voy a darte un *mantra*. Repítelo con regularidad'.

El rico respondió: 'Pero tengo muchas responsabilidades. ¿De dónde sacaré el tiempo para cantar un *mantra*?'

El Maestro preguntó:

¿Dónde sueles bañarte?

-En el río.

¿Cuánto tiempo te lleva ir hasta allí?

-Tres minutos.

El *gurú* dijo: 'Entonces repite tu *mantra* durante el momento que hay desde que sales de casa hasta que llegas al río. Inténtalo'.

«Después de unos meses, el hombre volvió lleno de entusiasmo. Se postró y dijo: 'Mi agitación ha desaparecido. Mi espíritu está en paz. Repito regularmente el *mantra* que me diste. ¡No puedo pasarme sin él! Empecé repitiéndolo en el trayecto al río; después en el camino de vuelta y durante el baño. Después lo he repetido en el camino al trabajo, después en la oficina, cada vez que el *mantra* me venía a la mente; canto mi *mantra* al acostarme y me quedo dormido con el *mantra* en los labios. Mi deseo, a partir de ahora, es recitarlo un poco más cada día. Me siento desdichado cuando lo olvido'.

Amma continuó: «La práctica constante se transformó en hábito. Levántate temprano por la mañana. En el momento en que te despiertes, medita durante diez minutos. Después de la ducha, medita media hora más. Al principio, basta con meditar un breve lapso de tiempo. Después puedes dedicarte a tus obligaciones. Antes de ir a la escuela, medita otra media hora. Si te queda tiempo después de la meditación, empléalo para hacer *japa*. Puedes hacerlo estando quieto o mientras vas andando, o mientras haces cualquier cosa. Amma te propone esta disciplina porque te gusta la vida espiritual. Los principiantes pueden conformarse con meditar media hora y practicar *japa* y canto devocional».

Soman: «Amma, ¿cómo puedo concentrarme en Dios? Estoy casado desde hace un año. Aún tengo que pagar el préstamo que pedí para construir nuestra casa. La salud de mi mujer no es buena. Si todos estos problemas me preocupan, ¿cómo puedo practicar *japa* y meditar?»

Amma: «Es verdad. Pero ¿de qué sirve preocuparse, hijo? ¿Te ayuda a reembolsar el préstamo? Concéntrate en tu trabajo y no pierdas el tiempo. Intenta repetir tu *mantra* sin cesar. Si alguna vez lo olvidas, reanuda su recitado en cuanto te vuelva a la mente. Si riegas las raíces de un árbol, nutrirá las ramas y las hojas. Si viertes el agua en la copa del árbol, no servirá de nada. No ganas nada con preocuparte. Ofrece tu mente a Dios; refúgiate en Él y nada te faltará en la vida. Él te dará lo que necesitas. De una forma u otra, tus problemas se resolverán y encontrarás la paz. El que ruega a Dios y medita sinceramente en Él, nunca carecerá de lo esencial. Dios lo ha decidido así. Amma lo sabe por experiencia. Si no tienes tiempo para otra cosa, recita el Lalita Sahashranama con amor y devoción. Después, nada te faltará. Hijos queridos, sea cual sea vuestra fortuna, en nada encontraréis la paz interior sin *sadhana*. Aun siendo ricos, si queréis dormir en paz, necesitáis refugiaros en Dios. Podéis olvidaros incluso de comer, pero de Él no os olvidéis».

La total entrega a Dios es la esencia de la enseñanza de Amma. Por grandes que sean vuestras cargas, si se las dejamos a Él, su peso no nos aplastará. A la luz de su propia experiencia, Amma nos asegura que Dios cuidará enteramente de nosotros. Cada una de sus respuestas a una pregunta mundana nos eleva hasta el plano de la devoción y la espiritualidad. Cuando la felicidad de su presencia va unida a la dulzura de sus palabras llenas de amor, la experiencia es inolvidable. Amma se levantó, los devotos se postraron ante ella y se pusieron en pie.

Amma en Ernakulam

Sábado 2 de noviembre de 1985

Amma y los *brahmacharis* pasaron la noche en la casa de un devoto, Gangadharan Vaidyar, cerca de Ernakulam. Al día siguiente por la mañana emprendieron viaje hacia Elur, a la casa de otro devoto. En el camino se detuvieron para visitar otros tres hogares.

En Elur se había reunido mucha gente que quería ver a Amma, para muchos de ellos era la primera vez. Había padres con hijos mentalmente deficientes, lisiados, personas sin trabajo desde hacía años, buscadores espirituales que necesitaban consejos para su *sadhana*, y otros que querían vivir una vida de *sannyasa* en el ashram de Amma.

Un devoto se acercó con su hijo, que tendría unos doce años. Se postró ante Amma, tirando del brazo a su hijo, y se quejó: «Amma, este muchacho es muy malo. Va a la mejor escuela, pero destaca más en su habilidad para hacer maldades que en los estudios. Es sólo un niño, sin embargo, fue a pedirle a una chica de su clase que se casara con él. Para colmo, le dio una paliza al compañero que fue a informar de esto al profesor. Amma, te ruego que le bendigas y le corrijas».

Amma abrazó al muchacho y le preguntó: «¿Qué es esto, hijo? ¿Tiene razón tu padre?» Ella tenía un dedo levantado frente a la nariz (en la India es un signo que indica vergüenza). El chico sentía vergüenza y quería escaparse de los brazos de Amma. Pero ella no lo dejó marchar. Lo sentó en sus rodillas, le dio una manzana y le besó en la mejilla. No pudo hablar extensamente con el padre, porque no estaría mucho tiempo en esa casa. Le autorizó a que fuese a verla más tarde. Él se postró de nuevo y se marchó.

A Amma ya se le había hecho tarde: debía dirigir los *bhajans* en un templo cercano dedicado a Krishna. No obstante, no se levantó hasta que todos hubieran recibido el *darshan*.

Después de los *bhajans*, Amma también prometió visitar algunas casas. Era ya muy entrada la noche cuando volvió a Ernakulam, a la casa de Vaidyar. Había previsto volver al ashram, pero cedió ante la insistencia de los devotos y se quedó a pasar la noche.

El hombre que anteriormente había venido a verla con su hijo la esperaba en casa de Vaidyar; ya había perdido la esperanza de verla de nuevo porque era muy tarde. De pronto vio a un *brahmachari* que le hacía señas: Amma le llamaba. Así que se acercó y se postró.

Devoto: «No esperaba volver a ver a Amma esta noche».

Amma: «Amma había previsto irse esta noche, pero se quedó por la insistencia de sus hijos. Otros la esperan en Haripad. Los veremos mañana, en el camino de regreso. Cuando Amma llegó, se dio cuenta que eras desdichado. Hijo, no te preocupes por tu chico; sus travesuras desaparecerán con la edad».

Devoto: «Pero Amma, los niños de hoy en día hacen cosas que yo jamás habría soñado cuando era niño. Por mucho que reflexiono en ello no comprendo por qué».

Enseñanza del dharma desde la infancia

Amma: «Hijo, en los tiempos védicos, los niños crecían en *gurukulas* bajo la vigilancia directa de un *gurú*. Vivían con el Maestro y se les enseñaba a respetar; aprendían a comportarse correctamente con sus padres y a vivir en el mundo. Se les hablaba de la esencia de Dios. La enseñanza no era pura teoría, también la practicaban. El servicio del *gurú*, *tapas* y el estudio de las Escrituras eran las bases de su educación. Esta época engendraba seres de la talla de Harichandra.

«¿Quién era el rey Harichandra? Demostró que para él, su palabra tenía más valor que su fortuna, su mujer y su hijo. Es el ideal que nos han transmitido nuestros antepasados. Era el resultado de su educación. Cuando los hijos volvían de las *gurukulas* tras terminar su educación, pasaban al estado de *grihasthashrama*, sus padres les confiaban todas las responsabilidades de una familia y adoptaban el estado de *vanaprastha* (es decir, se retiraban al bosque). Incluso un rey llevaba sólo un lienzo para vestir y marchaban al bosque para entregarse a las austeridades. No conservaba ninguno de los atributos o distintivos de la realeza. En su mente sólo existía el ideal de *sannyasa*. En esa época, la mayoría de las personas tenía el deseo de abandonarlo todo para llevar una vida de *sannyasa*. Debido a esta cultura, los niños se desarrollaban firmemente anclados en el *dharma* y ya adultos, eran seres llenos de valentía. Por difíciles que fuesen las circunstancias, avanzaban sin tropiezo».

Devoto: «Pero Amma, en la actualidad ocurre todo lo contrario. La decadencia de nuestra cultura se acentúa a pasos agigantados».

Amma: «¿Cómo pueden desarrollar cualidades los niños actuales? Muy pocos padres de familia respetan los principios de su estado. Esto les incapacita para inspirar la virtud en sus hijos. En otros tiempos, los padres de familia llevaban una vida de auténticos *grihasthashramis*. A pesar del trabajo, encontraban tiempo para practicar austeridades. Sabían que la vida no consistía en comer y beber. Comían para vivir. Prodigaban buenos consejos a sus hijos y daban ejemplo viviendo de acuerdo a los mismos. Pero hoy en día, ¿quién vive de ese modo? ¿Dónde están las *gurukulas*? Desde el jardín de infancia los niños gritan consignas políticas. En las escuelas hay política e incluso huelgas. A los niños se les ve dispuestos a matar a los que pertenecen a partidos opuestos. Los educan de una manera muy destructiva.

«El hijo, cuyo deber sería el de cuidar y consolar a su padre anciano, exige por el contrario su parte del patrimonio familiar. Si al repartir la propiedad, la herencia del hermano contiene algunos cocoteros más que la suya, saca el cuchillo para apuñalar a su padre. ¡El hijo está dispuesto a matar a su padre por unos cuantos cocoteros!

«¿Qué ejemplo nos han dado Sri Rama y tantos otros? Para honrar la palabra de su padre, Sri Rama estaba dispuesto a abandonar el reino. Y su padre, Dasaratha, no faltó a su palabra. Cumplió la promesa hecha a su mujer, Kaikeyi, cuyo gran sacrificio le había impresionado: en el campo de batalla, porque había arriesgado su vida para salvarle. La causa de su promesa no fue su belleza ni el amor que ella le profesaba. Tampoco faltó a su promesa por un motivo egoísta, y Rama aceptó incondicionalmente la palabra de su padre.

«¿Y qué decir de Sita? ¿Armó un escándalo cuando Rama decidió ir al bosque? Ella no dijo 'No vayas al bosque. Eres el heredero legítimo de este reino. Debes tomarlo a toda costa'. Cuando su esposo partió, ella lo siguió serenamente. También fue con ellos su hermano Lakshmana. ¿Y qué ejemplo nos ha dejado Bharata? Él no dice: 'Se han ido. Ahora puedo gobernar el reino'. Se fue en busca de su hermano. Encontró las sandalias de Rama, las trajo consigo y las colocó sobre el trono para indicar que él sólo reinaría en el nombre de Rama.

«Así ocurría antiguamente. Esos son los modelos que debemos imitar. Pero ¿a quién le preocupan hoy estos valores o los pone en práctica? Los antiguos nos han enseñado los principios de la espiritualidad, pero no les prestamos atención. El resultado lo tenemos a la vista. ¿Qué clase de cultura reciben los niños hoy en día? En todas partes lo único que se hace es ver televisión y películas. Tratan exclusivamente de romances, sexo y violencia. La mayor parte de las revistas y libros sólo contienen temas mundanos. Eso es lo que los niños ven y leen. Ésa es la cultura que respiran en la actualidad. Y ello sólo producirá seres como el tirano Kamsa. Es bastante improbable que en el futuro veamos a alguien que emule a Harichandra.

«Si queremos cambiar esta tendencia, debemos conceder la máxima atención a nuestros niños. Es necesario elegir cuidadosamente sus lecturas; démosles aquello que les ayude en sus estudios o trate de temas espirituales. A nosotros nos corresponde insistir en que se cultiven en este terreno. Esta cultura (fundada en los principios espirituales) les acompañará en su vida adulta. Aún si actúan mal, lo sabrán en el fondo de ellos mismos y terminarán por lamentarlo; eso les ayudará a cambiar.

«Muchos niños ven la televisión y las películas que emiten. Enseguida sueñan en casarse como en las películas. ¿Cuántas personas pueden llevar la vida feliz y lujosa de los héroes de estas historias? Los niños crecen, se casan y descubren que no pueden realizar su sueño. Se sienten decepcionados, y eso crea un abismo entre marido y mujer. Una mujer joven visitó un día a Amma. Se había casado muy joven y ya se había divorciado. Cuando Amma le preguntó por qué, ella le contó su historia. Había visto una película cuyos protagonistas eran ricos, poseían una gran residencia, un coche y ropa lujosa. En la película, la pareja iba a la playa todas las tardes y su vida transcurría feliz. La joven empezó a soñar en todo eso.

«Pronto se casó, pero el sueldo de su marido era modesto. No tenía suficiente dinero para llevar el estilo de vida que su mujer deseaba. Ella quería un coche y, además, saris nuevos, ir al cine todos los días, etc. Siempre estaba insatisfecha. ¿Qué podía hacer el pobre marido? Terminaron discutiendo e incluso llegaron a los golpes. Ambos se sentían desgraciados. Por lo tanto, el matrimonio se disolvió, y eso les hundió en una angustia aún mayor. Lamentaban lo sucedido. Pero ¿qué podían hacer?

«Pensad en las épocas pasadas. En otro tiempo, el marido y la mujer estaban dispuestos a morir el uno por el otro. Se amaban de verdad. Aunque sus cuerpos fuesen diferentes, tenían un sólo corazón. Hijos, el amor y el altruismo son las alas de la vida conyugal. Gracias a ellos podemos tomar impulso para remontarnos al cielo de la dicha y de la satisfacción».

Amma está atenta a todo aquello que los demás podrían considerar insignificante. Sin preocuparse por su comodidad o bienestar, presta toda la atención a sus hijos, sugiriendo soluciones a sus problemas.

El devoto, que había escuchado sus palabras sin pestañear, declaró: «Cuando llegue a casa, quiero poner en práctica todo lo que has dicho. ¡Dame tu bendición, Amma!»

Amma: «Hijo, ninguna palabra, ningún acto se desperdicia si va acompañado de *shraddha*. Tarde o temprano obtendrás el beneficio.

«Amma siembra las semillas y sigue adelante. Algunas germinarán mañana, otras pasado mañana. Para algunos, puede tardar años. Incluso si nadie nos escucha, la Madre Naturaleza graba cada una de nuestras plegarias, con la condición de que sean sinceras. Esforzaos, hijos míos. ¡Amma está con vosotros!»

¿De dónde proviene el karma de los niños discapacitados?

Domingo 3 de noviembre de 1985

Amma y los *brahmacharis* salieron de la casa de Gangadharan Vaidyar a las seis y media de la mañana. En el camino, los *brahmacharis* empezaron a hablar de los deficientes mentales que habían venido a ver a Amma la víspera.

«¡El estado de esos niños es lamentable! Sus cuerpos crecen, pero su mente no se desarrolla. ¡Vaya una vida!»

«La situación de sus padres es aún más deplorable. No tienen ninguna libertad. ¿Cómo podrían dejar a su hijo para ir a cualquier parte sin preocuparse?»

«¿Es *prarabda* del niño o de los padres?»

Al final decidieron planteárselo a Amma. Ella había estado escuchando atentamente la conversación.

Amma: «Estos niños viven más o menos en un sueño. No tienen consciencia del sufrimiento que percibimos en ellos. Si fuesen conscientes, lamentarían su suerte y pensarían: '¡Qué lástima! ¿Para qué habré venido al mundo en este estado?' Pero no lo perciben así. Son las familias las que sufren; son ellas las que se enfrentan a las dificultades. Por lo tanto, tenemos que considerar que se debe esencialmente al *prarabda* de los padres».

Br: «¡Pobres padres! ¿Qué pueden esperar de esta vida? ¿Cómo podemos ayudarles?»

Consejos a los brahmacharis

Amma: «Hijos, esa compasión que sentís por ellos les dará paz y os ayudará a abrir vuestro corazón. Sintamos simpatía por los que sufren. Mientras más profundo es el pozo, más agua podrá contener. La compasión hará que brote la fuente, el *Paramatman*. La compasión despierta en nosotros este principio supremo.

«Hay personas que se sientan a meditar sólo para pensar en vengarse. Hijos, para construir una casa, no basta con amontonar ladrillos. Hace falta el cemento para unirlos. Ese cemento es el amor. Es imposible esmaltar un recipiente sucio; primero hay que limpiarlo. Del mismo modo, la devoción sólo puede brotar de una mente pura; después podremos gozar de la presencia de Dios. Recordad el ejemplo de Kuchela. Sus hijos tenían hambre y él salió a mendigar alimento. Cuando volvía, alguien extendió la mano, lamentando el hambre que padecía su familia y Kuchela le dio el alimento que había recibido.

«¿Conocéis la historia del sabio Durvasas y el rey Ambarisha? El sabio fue al encuentro de Ambarisha para hacerle romper su voto. Si lo lograba, tenía la intención de maldecirle. Pero Ambarisha era un devoto sincero. Aunque Durvasas se enfadó mucho con él, Ambarisha no reaccionó en absoluto, manteniendo la actitud de un humilde siervo del sabio. Era consciente de sus poderes, pero no se enfrentó al sabio. Con las manos unidas, le rogó: 'Por favor, perdóname si he cometido un error. Sólo intentaba ser fiel a mi voto. Perdona mi ignorancia'. Durvasas no le perdonó. Por el contrario, decidió matarle; pero antes de llevar a cabo su plan, el *sudarshana* chakra del dios Vishnu vino en auxilio de Ambarisha. Aterrorizado por esta arma divina, Durvasas marchó corriendo a implorar la ayuda de los dioses. Cuando se fue, Ambarisha no pensó: 'Bien, se ha ido, ya puedo comer en paz'. Durvasas no pudo obtener ningún auxilio de los devas. No le quedó otra salida que refugiarse en el mismo Ambarisha. Cuando el sabio vino a pedirle perdón, el rey estaba dispuesto incluso a lavarle los pies y a beberse el agua. Dios está totalmente con seres así; Él ayuda a aquel que manifiesta una humildad semejante. Los que piensan: '¡Quiero ser feliz; quiero ser rico; quiero la liberación!' no encontrarán a Dios a su lado».

Amma guardó silencio, mirando por la ventanilla derecha del vehículo en marcha, que iba dejando atrás árboles y casas; un camión les adelantó tocando el claxon. Todas las miradas se dirigieron a Amma. Un *brahmachari* rompió el silencio y gritó: «¡Amma!»

«Sí, ¿qué quieres?» respondió Amma con voz despreocupada.

El *brahmachari* bajó el tono y dijo: «Lamento haber hecho enfadar a Amma el otro día».

Amma: «Lo pasado, pasado. ¿Para qué te preocupas ahora? Amma lo olvidó enseguida. ¿No crees que fue sólo el amor el que le hizo emplear un tono severo?»

Él se echó a llorar. Amma le secó las lágrimas con su sari y le dijo: «No te preocupes, hijo querido».

Unos días antes, Amma le había pedido que limpiara la terraza frente al *kalari*. Pero en su prisa por viajar con ella, se olvidó de hacerlo. A punto de salir, Amma notó que el lugar seguía sucio. Llamó al *brahmachari* y le reprendió con severidad. A continuación, ella misma se puso a limpiarlo. Al ver esto, otros vinieron a ayudarla, mientras el *brahmachari* se quedó ahí con la cabeza gacha, avergonzado. Amma no salió del ashram hasta no terminar de limpiarlo todo.

Amma prosiguió: «Cuando Amma se muestra severa, no está realmente enfadada; su intención es impedir que os volváis egoístas. A Amma le gustaría hacer todas estas tareas, y le gustaría hacerlo mientras tenga salud, pero a menudo su mente está más allá de este plano de consciencia. Por lo tanto, suele olvidarse. Es por eso que os pide que atendáis ciertas cosas. A Amma le gustaría lavar su propia ropa. Hoy mismo lo ha intentado, pero Gayatri no se lo ha permitido. Amma no quiere ser una molestia para nadie.

«A Amma le gusta servir, no ser servida. Ella no necesita ningún servicio; sin embargo, a veces tiene que aceptarlo, para hacer felices a sus devotos. Pero aún entonces, ella sólo piensa en vuestro bien.

«Hijos míos, tenéis más suerte que mucha gente. No tenéis ninguna preocupación; Amma está allí para ocuparse de vuestros problemas, para escucharos y consolaros cuando le confiáis vuestras aflicciones. Se dice que un buscador no debe ir al mundo antes de haber realizado el Ser. Pero eso no vale para los que han encontrado un *satguru*. Un discípulo enviado por un *satguru* no tiene nada que temer, él le protegerá».

Un *brahmachari* que escuchaba, preguntó: «Has dicho con frecuencia que era posible realizar el Ser en tres años. ¿Qué clase de *sadhana* aconsejas para ello?»

¿Quién está preparado para la Realización?

Amma: «El que se siente animado por un deseo intenso no necesita tres años. Alcanza su objetivo en menos tiempo del que se necesita para atravesar con una aguja la hoja del loto. Pero su deseo debe ser extremadamente intenso. En cada respiración exclama: '¿Dónde estás?' Se halla en un estado en el que ya no puede vivir sin Dios.

«Hay personas que no consiguen ningún resultado después de cincuenta o sesenta años de austeridades. Si seguís las indicaciones de Amma, obtendréis sin ninguna duda la realización en tres años. Pero para ello necesitáis *shraddha*, un verdadero *lakshya bodha* y una perfecta concentración en el objetivo. Amma sabe que hay buscadores con estas cualidades. Al subir a un autobús ordinario, no se sabe cuando se llegará a destino porque hace numerosas paradas. Pero si se toma un autobús directo, sabréis con seguridad la hora de llegada porque apenas se detiene en el camino. Nunca podemos estar seguros de aquellos cuyo desapego sólo dura unos días.

«Hijo mío, cuando la idea de que has nacido muere, eso es la realización del Ser. Cuando eres consciente de ser existencia pura, sin nacimiento, crecimiento y muerte, eso es realización. Esta consciencia no la encuentras en ninguna otra parte. Para llegar a ella, es necesario controlar la mente.

«¿Sabéis cómo vivía Amma? Cuando barría el patio, no dejaba en él ni sus huellas. Si veía alguna, la borraba con la escoba. ¡Porque cuando todo está limpio, las huellas de Dios debían ser las primeras en aparecer! Ella tenía la seguridad de que Dios caminaba por el patio. Si le ocurría que respiraba sin pensar en Dios, se tapaba la nariz para dejar de respirar, Se acordaba de Dios y después reanudaba la respiración. Al andar, no daba un paso sin acordarse primero de Dios. Si dejaba de hacerlo, daba un paso atrás pensando en Él y después seguía adelante.

«¿Conocéis la historia del hombre de los bosques que marchó en busca del león de su *tambran*? (*p. ej. Narasimha, encarnación del dios Vishnu; su cuerpo es humano, pero su cabeza es de león. Para esta historia, consultad el volumen 4 de* 'Despertad, hijos'). Deberíamos estar poseídos por esa misma intensidad y buscar constantemente: '¿Dónde estás? ¿Dónde estás?' La intensidad de nuestra búsqueda producirá un calor tal que Dios no podrá permanecer indiferente; le resultará imposible no aparecer ante nosotros.

«Antes de empezar a meditar, Amma decidía las horas que se quedaría meditando. Nunca se levantaba antes de ese tiempo, y si no podía permanecer el tiempo establecido, la emprendía contra la Madre Naturaleza, refunfuñaba contra esta Madre, dispuesta a golpearla. Por la noche no dormía. Si tenía sueño, se quedaba sentada llorando. Casi nunca tenía deseos de dormir. Cuando llegaba la hora de acostarse, se afligía pensando que había pasado un día más en vano. Amma ni siquiera puede soportar el recuerdo. Fue muy difícil».

Br: «Pero si una persona normal no duerme, ¿no afectaría eso a su meditación?»

Amma: «El que tiene verdadero anhelo por conocer a Dios no puede dejar de pensar en Él ni un instante. No tiene ganas de dormir, ni siquiera de acostarse. Si lo hace, el sufrimiento le mantiene despierto. Amma piensa en esas personas. Para aquellos que poseen ese desapego y cuyo único deseo es conocer a Dios, hacer *tapas* es el verdadero reposo que nada supera. Esa clase de seres realmente no necesita dormir. Nuestro objetivo es alcanzar ese estado».

Br: «¿No dice el Gita que el que duerme demasiado o no duerme lo suficiente no llegará al estado de yoga (unión con el Divino)?»

Amma: «Amma no os aconseja que renunciéis totalmente al sueño. Dormid el tiempo necesario, pero no más. Un *sadhak* que piensa siempre en su objetivo no puede dormir. No se acuesta. Continúa su *japa* y se duerme sin darse cuenta. Un estudiante que prepara un examen no siente deseos de dormir. Pasa la noche en vela para estudiar. El estudio se convierte en su segunda naturaleza. Es la actitud natural del *sadhak*.

«Los hijos que aman de verdad a Amma deben asimilar los principios que ella enseña. Deben estar dispuestos a sacrificarlo todo para vivir en armonía con esos principios. Ellos son los que aman realmente a Amma. Su objetivo es permanecer indefectiblemente fieles a estos principios, cueste lo que cueste. Pero los que se conforman con decir 'Amma, te quiero', no la aman de verdad. «Un rey tenía dos criados. Uno de ellos se pasaba el día merodeando, sin atender nunca a sus obligaciones. El otro se pasaba el día realizando el trabajo que le encomendaba el rey. Trabajaba sin comer ni dormir, sin preocuparse si el rey le veía o estaba al corriente. ¿Cuál de los dos era el mejor criado? ¿A cuál de los dos apreciaba más el rey?»

La verdadera naturaleza de Amma

Amma continuó hablando de su naturaleza: «El río fluye espontáneamente y purifica todo lo que se sumerge en él. No necesita el agua de un estanque. Vosotros no tenéis necesidad de amar a Amma por ella misma. Ella os ama a todos vosotros. Pero para vuestro bien, nunca demuestra su amor. Exteriormente, Amma no manifiesta ningún amor hacia Gayatri. Sin embargo, si ella no está cerca, el solo pensamiento de Gayatri, de su duro trabajo y su sufrimiento hace que las lágrimas asomen a los ojos de Amma. Lo que ella ama es la mente de Gayatri, sus acciones. Este amor es espontáneo, Amma no lo crea conscientemente. Pero no lo manifiesta ni un solo segundo. Ella critica sin piedad todo lo que Gayatri toca o hace. En la mayoría de las ocasiones, ni siquiera la llama *mol* (hija).

«Amma piensa a menudo: «¿Soy realmente tan cruel que no puedo mostrar ninguna compasión hacia Gayatri? ¡Siempre la estoy haciendo sufrir! Incluso si Amma decide una noche expresar su amor hacia su hija, al día siguiente, termina reprendiéndola por una u otra razón. En ocasiones la despierta y le dice que se levante. Le pide que salga fuera y cierra la puerta. La ha castigado de muchas maneras, pero eso no significa que no la ame. El amor de Amma por Gayatri es completo. Amma observa su mente. Pero Gayatri nunca ha titubeado. Eso es verdadero *prema*».

Normas para servir en el mundo

En ese momento, el *brahmachari* Pai hizo una pregunta: «Amma, has dicho con frecuencia que un *sadhak* no debe tener vínculos estrechos con laicos, que no debemos usar su ropa, ni tampoco sus negocios o entrar en su habitación. ¿Cómo se puede servir respetando esas normas?»

Amma: «No hay nada malo en servir, siempre que permanezcas alerta. Es verdad que todo es el Ser, que todo es Dios y que Él está presente en todos y en todo. Pero en cada circunstancia es necesario actuar con discernimiento. Cuando un *sadhak* visita una casa, debe evitar entrar en los dormitorios. Si vais a un lugar donde se manipula carbón, aunque no lo toquéis, el polvo negro os cubrirá. Se dice que en Kurukshetra aún puede oírse el eco de la batalla que tuvo lugar allí hace miles de años. Las habitaciones de las personas mundanas contienen las vibraciones de sus pensamientos. Si pasas cierto tiempo en ellas, esas vibraciones entran en tu subconsciente y tarde o temprano sufrirás sus efectos. Así que si visitas la casa de un devoto, quedaos el mayor tiempo posible en la sala de *puja*. Que sea allí donde habléis con los miembros de la familia. En la conversación, evitad los temas mundanos y aquello que no sea provechoso desde el punto de vista espiritual. Las conversaciones banales son como un remolino: arrastran vuestra mente hacia un nivel de consciencia inferior sin que lo advirtáis. La ropa contiene las vibraciones de los pensamientos de los que la usan. Por eso los *sadhaks* no deben usar la ropa de los laicos. Tampoco es bueno usar su jabón. Si prestáis el vuestro, es mejor que no os lo devuelvan. Llevad siempre la ropa necesaria y vuestra *asana*.

«Un *sadhak* no debe tener vínculos indisolubles con nadie, menos aún con padres de familia. Pero tengamos cuidado en no herir a nadie con nuestra conducta. Si ellos insisten, explicad vuestros motivos en pocas palabras y con una sonrisa. Una vez alcanzado cierto nivel de *sadhana*, al buscador no le afectará nada de eso, como la hoja de loto permanece indiferente ante la lluvia. A pesar de todo, debemos mantenernos alerta».

Amma llegó a Haripad hacia el mediodía, después de visitar los hogares de algunos devotos y el ashram de Ernakulam. El profesor N.M.C. Warrier y su familia estuvieron esperándola toda la noche, puesto que ella había anunciado que llegaría en el transcurso de la misma. Como habían decidido no comer nada antes de su llegada, estaban en ayunas. Amma les había dado así la ocasión de una buena meditación. Dios está dispuesto a todo para atraer a Él la mente de sus devotos. Para dar la bienvenida a Amma, el hijo de la familia había dibujado en el suelo algunos *kalams* (dibujos tradicionales trazados con harina de arroz y polvo de cúrcuma) y en el centro había puesto una lámpara de aceite encendida. Amma miró atentamente los dibujos y puntualizó: «Aquí hay un pequeño error. Es preciso evitarlo cuando se dibuja un *kalam*. Se dice que un error en el *kalam* anuncia un conflicto en el seno de la familia. Debemos trazar estos dibujos con cierto *sankalpa*. Hijo, practica primero con arena. Toma las medidas y verifica que el dibujo es correcto. Cuando hayas practicado, entonces dibuja el *kalam*. No hay nada malo en este *kalam*, porque tu corazón estaba limpio, lleno de amor y devoción por Amma. Pero la próxima vez, presta atención».

Amma visitó otros cinco hogares en Haripad. Siempre que va a una casa, los vecinos la invitan a que también visite la suya. Por muy cansada que esté, ella acepta, a pesar de la insistencia de otras personas para que descanse. Los devotos, encantados de que el polvo de los pies de Amma venga a santificar su casa, tienden a olvidar sus dificultades.

Cuando Amma llegó al ashram, descubrió que numerosos visitantes La esperaban desde esa mañana. Aunque estaba físicamente agotada, Amma no cambió los horarios habituales del *Bhava darshan*.

Lunes 4 de noviembre de 1985

A las tres de la tarde, Amma fue a la habitación de Sri Kumar y se sentó junto a él en su cama. Tenía fiebre desde hacía dos días. Un *brahmachari* trajo un recipiente con agua caliente para que hiciera inhalaciones. Habían cubierto la boca del recipiente con una hoja de platanero bien atada.

Amma: «Siéntate en el suelo, hijo. Respira un poco de vapor y enseguida te sentirás mejor».

Colocaron una esterilla en el suelo y Amma ayudó a Sri Kumar a sentarse en la cama. Le tomó de la mano y le hizo sentarse en la esterilla, que estaba cubierta con una gruesa manta.

Amma: «Hijo, ahora rompe la hoja de plátano. Aspira el vapor hasta que sudes bien y así bajará la fiebre».

Algunos devotos que habían venido al *darshan* de Amma, entraron en la cabaña al saber que se encontraba allí.

Amma: «Mi hijo Sri tiene fiebre desde hace dos días. Amma pensó que le vendría bien un tratamiento de vapor. ¿Cuándo habéis llegado, hijos?»

Una mujer: «Hace un momento. Pero acaban de decirnos que estabas aquí».

Amma le retiró la manta a Sri Kumar. Había transpirado bastante. Le ayudó a volver a la cama y acostarse. Amma estuvo charlando informalmente con los devotos y después, la conversación derivó hacia temas más serios.

Verdades y falsedades sobre el Vedanta

Un devoto: «Amma, uno de mis amigos vino a verme el otro día. Se ha enamorado de la mujer de un amigo. Cuando hablábamos de ello, afirmó: '¿No es verdad que Kabirdas entregaba a su esposa al que se la pidiera? ¿Qué hay de malo en ello?'»

Amma: «Pero Kabirdas entregaba con alegría a su esposa a aquel que la deseara. No traicionó a un amigo robándole a su mujer. A ver si nuestro aficionado al Vedanta se atreve a preguntarle a su amigo si está dispuesto a cederle su esposa. Si lo hace, tal vez no volvamos a verle». Amma se rió.

«Kabir era un hombre justo. A sus ojos, el *dharma* era más importante que su mujer o que él mismo. No dudaba. Solía dar todo lo que le pedían. No se apartó de su *dharma*, ni siquiera cuando le pidieron a su mujer. Pero una esposa tiene su propio *dharma*. Una mujer que está realmente entregada a su marido nunca tendrá ojos para mirar a otro hombre. Después de haber raptado a Sita, Ravana trató de tentarla de muchas formas, pero nada logró quebrantar su fidelidad. Sólo pensaba en Rama. Había decidido no entregarse a ningún otro hombre, aunque eso le costara la vida. Así es el *dharma* de una esposa.

«La acción de Kabir es signo de un alma liberada. Había renunciado a toda idea del 'yo' o el 'mío'. 'Todo es Ser, todo es Dios', así debe ser la actitud de un ser espiritual. Debe considerar que todo es Dios, o que todo es su propio Ser. Si adopta el primer punto de vista, todo es Dios, no puede sentir odio o ira hacia nadie: sólo adoración. Si adopta el segundo, nada es distinto de su propio Ser, no hay nadie más. Si se eliminan las fronteras que separan los dos campos, quedará uno solo. Nosotros nos vemos en todo. Como la mano derecha cuida de la mano izquierda herida, consideramos el sufrimiento de otro como nuestro y acudimos a ayudarle».

Un *brahmachari* se iba de viaje durante varios días a Ernakulam para hacer compras. Tomó un paraguas de la cabaña. Como no tenía mango y la tela estaba algo desteñida, el *brahmachari* lo dejó. Detrás de la puerta había un paraguas nuevo. Eligió éste. Luego se postró ante Amma y salió, dispuesto a marcharse.

Amma le hizo volver. Le pidió el paraguas nuevo y le dijo que se llevara el viejo. Sin dudarlo, el *brahmachari* obedeció y se fue. Todos se quedaron perplejos ante este comportamiento, pero cuando le preguntaron la razón, Amma respondió: «No quería el paraguas viejo, sino el nuevo. La mente de un *brahmachari* no debe dejarse seducir por las apariencias. Vivís en el ashram para eliminar vuestro apego al lujo».

Poco después, Amma pidió que llamaran al *brahmachari*. Tomó el viejo paraguas y le entregó el nuevo. Él se postró y luego se puso en pie.

Amma: «Hijo, un buscador espiritual no debe ir tras la belleza externa, que es perecedera y corre el riesgo de perderla. Debe contemplar la belleza interior, que es eterna. Eso le hará crecer. Sólo puede avanzar si no cae en las redes externas. Amma te entrega el paraguas nuevo porque ha observado en ti una actitud de abandono que te ayuda a aceptar con ecuanimidad lo bueno y lo malo. Has elegido el paraguas bello para obtener la aprobación de otro, ¿no es así? No te dejes seducir por los elogios. Si esperas la aprobación de los demás, no obtendrás la de Dios. Ésa es la que necesitamos. Para ello es preciso retirar la mente de los objetos externos para volverla al interior. Tienes que buscar y descubrir lo que está en tu interior.

«Yo cuido todos los aspectos de la vida de mis hijos. Examino hasta el más pequeño detalle. ¿Quién si no Amma puede corregir vuestras pequeñas faltas? Pero vuestra atención no debe quedarse en la capa externa. Vuestra mente debe concentrarse en Dios».

«Si Amma está allí para cuidar de todo, incluido lo que parece insignificante en la vida de sus hijos, ¿por qué ellos prestan atención a las cosas externas? Esto es lo que opina Amma».

El Bhakti Bhava de Amma

Amma: «Después de dos o tres días de viaje, Amma se ha quedado sin voz. No ha habido tiempo para descansar. Así que Amma no podrá cantar *bhajans*. Nunca se había sentido tan mal en todos estos años. ¿Para qué sirve la lengua si no puede cantar *bhajans*?»

Brahmachari: «Has tomado sobre ti el *prarabda* de los que vinieron al *darshan* en Elur, Amma. Había muchos enfermos, y todos se marcharon contentos con la sonrisa en los labios».

Amma: «Si mi sufrimiento es el resultado de su *prarabda*, si ahora soporto el dolor en su lugar, entonces no estoy triste. Después de todo, otros se han curado. Pero a pesar de ello, no puedo pasar un solo día sin pronunciar el nombre de Dios».

De pronto Amma se puso a llorar. Las lágrimas rodaban por sus mejillas, encarnación de la devoción. Lamentaba, con el corazón desgarrado, no poder cantar el nombre de Dios. La atmósfera reinante, bañada en la arrebolada luz crepuscular, parecía reflejar su sufrimiento. Bajo el efecto de esta suprema devoción, su rostro parecía brillar con una luz más resplandeciente aún. Sus sollozos se calmaron poco a poco. Amma entró en un estado de *samadhi* que duró una hora.

Inolvidable lección sobre la forma de llamar a Dios y llorar por Él. Un momento después de su éxtasis, Amma se dirigió al *kalari* para unirse a los *bhajans*.

Kannante kalocha

Se oyeron los pasos de Kanna (Krishna)
en la noche de luna plateada.
Al son de las notas de una flauta,
mi mente se perdió en un sueño dorado.

Al ver este claro de luna puro y luminoso,
Oh fragancia del invierno,

al ver esta sonrisa dulce como la miel,
mi mente irradia felicidad, Oh Kanna.

Tengo miles de historias qué contarte.
Kanna, por favor, ¡no te vayas!
Ven a bañarte a este lago de la dicha
en el que se ha convertido mi mente.

Cuando Amma volvió a su habitación, un *brahmachari* la esperaba. Tenía los ojos hinchados y la cara irreconocible.

Amma: «¿Qué te ocurre, hijo?»

Brahmachari: « La cara se me ha hinchado. Ha empezado esta mañana».

Amma: «No es grave. Te ha entrado algo de polvo en los ojos. Esa es la causa del problema».

Amma pidió a una *brahmacharini* que le trajera agua de rosas. Después dijo al *brahmachari* que se acostara, dándole su almohada para que apoyara la cabeza. Pero él sintió reparos.

Amma: «El verdadero respeto hacia Amma no consiste en abstenerse de usar estas cosas porque sean de ella. Amma no lo ve así. La obediencia es la señal de vuestro respeto hacia ella».

Le puso la cabeza sobre la almohada y vertió agua de rosas en sus ojos. Después le ordenó que descansara un momento en esa posición, sin moverse.

Brahma Muhurta

Viernes 8 de noviembre de 1985

En el cielo apareció la estrella matutina. Los *brahmacharis* se levantaron y la luz se filtraba por los intersticios de los muros de la cabaña, hechos con hojas de cocotero trenzadas. Amma fue de cabaña en cabaña, con una linterna en la mano, para comprobar que todos sus hijos se habían levantado. La mayor parte de los *brahmacharis* se habían duchado. Podía oírse el eco de los *mantras* védicos.

En una de las cabañas no había luz y Amma enfocó la linterna hacia su interior. El *brahmachari* estaba profundamente dormido. Amma, con un golpe seco tiró de la punta de la sábana que lo envolvía. Él se dio la vuelta al otro lado, tirando a su vez de la sábana, y se cubrió. Esto le divertía mucho a Amma. Tiró nuevamente de la sábana, apartando la mano que la sujetaba y se hizo un ovillo. Amma salió a buscar un vaso de agua y le salpicó la cara.

Se levantó de un salto, buscando con mirada furiosa al que se había atrevido a arrancarle de su sueño matinal. Frente a él vio dos ojos penetrantes. Aún medio dormido, no tardó en reconocer aquella forma vestida de blanco. Se puso a temblar. Cuando Amma lo vio en pie, su sonrisa desapareció. Su rostro lucía ahora una severa expresión.

Amma: «Durante el *archana*, todas las divinidades acuden. ¿Quieres que te maldigan? Si ni siquiera puedes levantarte por la mañana, ¿para qué quedarte en el ashram? También podrías marcharte, casarte y vivir feliz. Cuando los niños lloren noche y día, tendrás que cantarles y tomarlos en tus brazos para que se duerman. Las personas como tú no pueden aprender de otra forma».

Amma, una vez lanzada, no estaba dispuesta a pararse. «¿Cuántos días hace que no vas a hacer *archana*?»

El *brahmachari* respondió vacilante: «Dos días». No podía levantar la cabeza y mirar a Amma. «Debería darte vergüenza. Hasta Achamma, que tiene más de setenta años, se levanta a las cuatro y media».

Los *brahmacharis*, que volvían del *archana*, percibieron fugazmente el *Kali bhava* de Amma y se postraron ante ella. Cuando

Amma salió de la cabaña, su talante cambió enteramente. La expresión de su rostro se tornó bondadosa, sonriente, agradable. Se sentó cerca de la cabaña del *darshan*, rodeada de sus hijos. ¿Dónde estaba la ferocidad que mostraba segundos antes? En un instante, su rostro de loto había florecido en una sonrisa plena de amor.

Amma: «Le he preguntado por qué seguía aquí si era incapaz de respetar las reglas del ashram y hacer su *sadhana*. No tuve otro remedio que causarle dolor. A Amma le duele tener que reñir, pero son sus reprimendas, más que su amor, las que eliminan las impurezas en vosotros. Si Amma sólo os mostrara amor, no buscaríais en vuestro interior. Si Amma os riñe, es sólo por amor, por compasión. Ése es el verdadero amor. Si Amma os castiga, seguro que os enfadaréis, pero lo hace para debilitar vuestras *vasanas* y despertar el Ser. Es imposible destruir las *vasanas* sin provocar un poco de dolor.

«El escultor moldea la piedra a golpe de cincel, no porque esté enfadado con ella, sino para hacer que emerja su verdadera forma, oculta en el interior. El herrero calienta el metal y lo golpea para darle la forma deseada. Del mismo modo, para que un absceso se cure, es necesario apretarlo para hacer salir el pus y en ocasiones el médico tiene que abrirlo. Un testigo de la escena podría creer que el médico es cruel. Pero si, por amor al paciente, se conforma con poner desinfectante sin abrir el absceso, nunca se curará. Del mismo modo, las reprimendas y la disciplina del *gurú* tal vez le resulten un poco dolorosas al discípulo, pero su único objetivo es destruir las *vasanas*.

«Hijos, si una vaca se come una tierna planta de cocotero, es inútil decirle con amabilidad: 'Vaquita, por favor no te la comas'. De lo contrario, si le gritáis: ¡Chúuu! ¡Márchate!' dejará de comer y se irá. Las palabras de Amma deben tener el efecto necesario para que os transformen. Por eso emplea un tono más severo».

¿Quién sino Amma está allí para amar y reñir a los residentes del ashram, e incluso levantar el bastón y hacer que lo prueben si es necesario? Así lo sentían ellos.

Tras quedarse un momento en silencio, continuó: «Hijos, si eso os contraría, Amma no os reñirá más. Desea veros felices y no quiere causaros pena».

Estas palabras agitaron el corazón de los *brahmacharis*. Cada vez que Amma les reñía, su amor hacia ella se hacía más profundo, y más fuerte su vínculo con ella.

Amma se levantó y fue al comedor, al tiempo que continuaba hablando con los *brahmacharis*, que la seguían como a su sombra.

Amma: «El motivo de que Amma adopte ese tono severo no es el de haceros daño. Es para que vosotros mismos veáis la fuerza de vuestro vínculo con ella. Sólo progresarán los que están dispuestos a dejarse golpear e incluso matar. Un *brahmachari* está destinado a llevar el peso del mundo entero en sus espaldas y no debe flaquear en las cosas pequeñas. Voy realmente a sacudir a mis hijos. Los que no desean otra cosa que realizar el Ser se quedarán, los demás se irán».

Amma cuenta algunas historias pasadas

Era la hora de los *bhajans* en el *kalari*. Desde hacía varios días, Ottur esperaba pasar unos momentos con Amma. Caminaba lentamente hacia la habitación de Amma y se alegró mucho al verla. Ella le tomó de la mano para que se sentara a su lado. Él se postró y puso la cabeza en sus rodillas, igual que un bebé. Amma le acarició amorosamente la espalda. También estaban presentes el sobrino de Ottur, Narayanan, y otro *brahmachari*.

Levantando la cabeza, el anciano dijo: «Los *brahmacharis* me cuentan historias de otros tiempos. Lamento no haber tenido la suerte de presenciar esas escenas. Pero me encantaría que tú me las contaras. Me han dicho que tu familia te ataba para pegarte. Al oír aquello, enseguida pensé en el pequeño Ambadi Kanna. (*Uno de los nombres de Krishna niño. Krishna robaba leche y crema; un día, su madre le ató para pegarle*). ¿Por qué te pegaban?»

Amma se rió e inició su relato: «En aquella época, Amma les llevaba algo qué comer a los pobres de los alrededores, aunque tuviese que robar los alimentos de su casa. Por eso le pegaban. Amma iba de casa en casa y recogía las peladuras de tapioca y el agua de arroz para alimentar a las vacas. En casi todas esas familias, la gente pasaba hambre y Amma sentía una inmensa compasión por ellos. En su casa, cuando nadie la veía, ponía en un recipiente un poco de arroz hervido. Después hacía creer que iba a buscar el agua de arroz y les llevaba el arroz a los hambrientos. En algunas familias, a las abuelas no les daban jabón u otros productos necesarios. Amma les llevaba el jabón de su casa y también les lavaba la ropa».

Ottur: «¡Ah, aquella gente debe haber acumulado muchos méritos en sus vidas precedentes, y poder así participar en las *lilas* de Amma!»

Amma: «Todo eso hacía Amma, hijo, pero no tardó en experimentar el desapego más absoluto, universal. Le disgustaba mucho que la molestaran acercándose a ella cuando meditaba. Sentía aversión por todo. No soportaba ni siquiera a la Madre Naturaleza. Odiaba hasta su propio cuerpo, lo mordía, lo hería, e incluso llegaba a arrancarse los cabellos. Sólo mucho después recordaba que había actuado así».

Ottur (sorprendido): «¿Tus padres lo veían?»

Amma: «Cuando el padre de Amma la veía llorar a gritos, venía y la levantaba, apoyándola en su hombro. No tenía la menor idea de lo que le hacía llorar o comportarse de aquel modo. Un día, Amma le dijo: 'Llévame a un lugar aislado, ¡llévame a los Himalayas!' Y se echaba a llorar. Amma era muy joven entonces.

Su padre la apoyaba en su hombro para que dejara de llorar y le dijo: 'Pronto te llevaré allí. ¡Pero ahora duerme, niña mía!'»

Amma se deslizó de pronto en un profundo éxtasis. Sus manos, inmóviles, hacían un *mudra* místico. Solo el ritmo y la armonía de los *bhajans* rompían el silencio.

Amba Mata Jaganmata

¡Oh, Madre divina, Madre del universo,
Madre de gran valentía,
¡Tú que otorgas la verdad y el amor divino!
Tú que eres el universo mismo,
Encarnación del valor,
De la verdad, y del amor divino…

El *bhajan* alcanzó su máxima sonoridad y los *brahmacharis* se hallaban totalmente inmersos en el canto, olvidándose de todo. Amma seguía en éxtasis. Lentamente, el canto llegó a su fin. Hubo un silencio, después el armonio inició el siguiente *kirtan*. Amma salió poco a poco de *samadhi* y recobró su talante habitual. La conversación continuó.

Ottur: «¿Cuántos años tenías entonces?»

Amma: «Siete u ocho años. El padre de Amma la llevaba en brazos y caminaba. ¿Acaso no había prometido llevarla a los Himalayas? Ella así lo creía ciegamente, como cualquier otro niño, y terminó por dormirse en su hombro.

Al despertarse, empezaba a llorar de nuevo, al ver que su padre no había cumplido su promesa. Esa época fue muy difícil para Acchan. Yo meditaba durante la noche en el patio, sentada, sin dormir. Él también velaba para cuidarme. Tenía miedo de dejar a su hija sola, afuera y de noche.

«Amma iba a buscar ramas para alimentar a la cabra. Había un árbol muy grande que se inclinaba sobre el agua. Ella solía trepar al árbol y sentarse allí. De repente, sentía que era Krishna,

sentada en el árbol balanceando las piernas. Con toda naturali-
dad, empezaba a producir el sonido de la flauta. Rompía ramas,
las echaba al suelo y otras niñas venían a recogerlas; Amma se
imaginaba que eran *gopis*. Esos pensamientos le venían espontáneamente. Se preguntaba si se estaría volviendo loca.

«A su familia no le gustaba que se mezclara con otras niñas;
de modo que solía ir sola a buscar agua. Un día, se subió a una
higuera y se acostó sobre una rama, igual que el dios Vishnu
tumbado sobre Ananta. La rama era muy fina pero no se rompió.
Este árbol sigue allí, en la playa».

Ottur: «¿Subías y te quedabas quieta sobre una delgada rama?»
Amma: «Sí. Igual que el Señor descansando sobre Ananta.
Los que lo vieron solían decir que había distintos colores en el
cuerpo de Amma. Ella no lo sabe. Sin duda era el efecto de su fe.
Hoy, Amma ni siquiera puede pensar en este mundo».

Ottur: «Me gustaría que contaras la historia del *panchamritam*».
Amma: «Amma dejó que lo hicieran los escépticos. Ella
no tocó nada. En esa época muchos dudaban de ella. El *bhava
darshan* acababa de empezar. Amma les pidió agua a algunos de
los que se oponían a ella, y se la trajeron en una jarra. Les pidió
que imaginaran que el agua se estaba transformando. En aquel
preciso momento, mientras la sostenían en sus manos, el agua se
convirtió en *panchamritam*».

En el *kalari* terminaron los *bhajans*. El eco del *mantra* invocando la paz resonó con gran fuerza.

Om purnamadah purnamidam
purnat purnamudachyate
Purnasya purnam adaaya
purnam evavashishyate
Om shanti, shanti, shantihi
Om shri gurubhyo namah!
Harihi Om!

Ese es el Todo, esto es el Todo;
Desde el Todo surge el Todo,
Si se elimina el Todo del Todo,
el Todo permanece.
¡Paz, paz, paz!
¡Saludos a los gurús!
¡Hari Om!

El silencio reinó durante breves momentos. Después se oyó la campana del *arati*. Narayanan ayudó a Ottur a levantarse para ir al templo y asistir al *arati*. El *brahmachari* volvió a su habitación con un sentimiento de sagrado respeto y gratitud. Había sido testigo de esta escena, en la que la devoción, por una parte, y un profundo amor maternal hacia el devoto, por la otra, se unieron en una bella armonía.

www.ingramcontent.com/pod-product-compliance
Lightning Source LLC
LaVergne TN
LVHW051549080426
835510LV00020B/2925